漫谈中国人的心理

东西方文化之对比

何友晖 邵广东 著

Discourse on the Psychology of
Chinese People

A Comparison of Eastern and
Western Cultures

科学出版社

北京

内 容 简 介

本书反映了中国的文化特色及中国人的心理。凭着作者的多元文化和中英双语背景，本书试图完成东西学问的创造性统合。书中有数章以中西方文化对话的形式撰写，代表了作者的内在对话。作者诚意邀请读者也进行自己的内在对话，体会心理学如何渗透于生活中，而生活又是如何脱离不了文化背景的。

本书共收录了 7 个主题、40 篇文章，每一篇文章都独立讨论一个主题，简言之，涵盖了包括情理、言行、觉悟等广泛的心理学领域。本书有些章节扩展了心理学的传统界限，反映出作者对某些课题的独特创见。

本书适合大学生、白领阶层、知识分子，以及对心理学感兴趣、对人生有感悟的读者阅读，同时也对其他读者有参考价值。

图书在版编目（CIP）数据

漫谈中国人的心理：东西方文化之对比 / 何友晖，邵广东著. —北京：科学出版社，2017.4
ISBN 978-7-03-052629-8

Ⅰ.①漫… Ⅱ.①何… ②邵… Ⅲ.①民族心理-中国-文集
Ⅳ.①G955.2-53

中国版本图书馆 CIP 数据核字（2017）第 080578 号

责任编辑：付 艳 孙文影 / 责任校对：刘亚琦
责任印制：张 倩 / 封面设计：楠竹文化
联系电话：010-64033934
电子邮箱：edu-psy@mail.sciencep.com

科学出版社 出版
北京东黄城根北街 16 号
邮政编码：100717
http://www.sciencep.com
文林印务有限公司 印刷
科学出版社发行 各地新华书店经销
＊

2017 年 4 月第 一 版 开本：720×1000 1/16
2017 年 4 月第一次印刷 印张：14 1/2
字数：260 000
定价：49.80 元
（如有印装质量问题，我社负责调换）

自　序

　　激情驱使我从事心理学教授的工作超过四十年。是什么原因使我的激情持续历久不衰呢？原因很简单，就是心理学本身拥有的独特魅力和吸引力。心理学是一门人类研究自身的学问，这就是说，我们在研究我们自己。心理学研究的范围非常广泛，可以说，任何人类的思想和行为都不能逃脱心理学家的注意。在过去数十年间，因为心理学家的研究成果，心理学知识得以迅猛增长。现在，我对心理学这门学问有了全新的理解：

> 心中无我
> 理随情飞
> 学贯森罗
> 问天索地
>
> 学海无涯
> 回头无岸
> 漂流无向
> 万川归情

　　心理学既然与普罗大众息息相关，这门学问应该如何广泛传播，使人人有接受的机会呢？以书籍来说，一般心理学书籍可粗分为两大类。第一类是由学者和研究者撰写的学术专著，读者对象是心理学学生或其他心理学家。遗憾的是内容文字往往过于技术性，巨细无遗和枯燥乏味，因此很难吸引普通读者。第二类是通俗科普读物。这类书籍往往存在一些问题：为了迎合读者的口味，不惜过分简化，甚至歪曲心理学的原则和意念，脱离了理论基础和科学依据；有些则声称能提供解决心理问题的方法，却没有交代清楚心理学的局限性。

本书旨在发挥桥梁的作用，连接学术界与普罗大众之间的鸿沟。在撰写本书时，我感觉责任重大。本身是心理学家的我，有时很不理解，为什么心理学作者，往往把使人着迷的趣味知识写得枯燥沉闷？我面对的挑战是要既准确又深入浅出地介绍心理学知识；在技术性的细节中不迷茫，浅白易明却不过于简化。简单地说，我的目的是希望广大读者，无论是否有心理学背景，都能愉快地阅读本书，在吸收新知识之余，同时受到启发。

本书书名《漫谈中国人的心理：东西方文化之对比》是经过深思熟虑的，意思是与读者促膝"谈心"，分享乐趣。大众心理学，理应是沁润于生活中的心理学。试想，如果心理学脱离了生活，它还有存在的价值吗？当抽象的心理学意念和规律与读者的日常生活产生了共鸣，才会变得生动有趣；读者也会感觉到这本书与他的生活息息相关，对他的人生有所帮助。因此，我特别注重把抽象思想和生活经验相连接，并指出如何应用心理学知识去解决生活问题，丰富人生。

这不是一本心理学的教科书，而是一本心理学文集。书中每一篇文章都是独立的，均以一个心理学主题为讨论中心。因此，读者不必按顺序阅读，可随意翻阅其中任何一篇。当然，如果读者对各篇互相参照阅读，自然会加深理解。全书共 7 个主题，涵盖了心理学的广泛领域，甚至包括我们夜间如何做梦、日间如何思想和行动、如何学习和工作、如何爱人和建立亲密关系等，简言之，就是情理、言行、觉悟。有些文章扩展了心理学的传统界限，例如"心灵空虚：现代人需要直面的问题"这篇文章探讨了人类的灵性及面对心灵空虚的问题，这正是心理学家不能忽视的。有些文章还反映出我对某些课题独特的创见。

完成了这本书，实现了我毕生抱负之一，那就是促进中西方之间的相互理解。凭着我多元文化和中英双语言背景的优势，我试图完成东西学问的创造性统一。本着这种精神，书中有数篇文章是以中西方文化对话的形式撰写的，那就是东方的我与西方的我之间的内在对话。我诚意邀请读者也进行自己的内心对话，体会心理学如何浸淫于生活中，而生活是脱离不了文化背景的。因此，在很大程度上，本书是带有中国社会特色及有关中国人心理的著作。

最后我要说明，本书并非我个人能力所能完成的，它是我与邵广东共同合作的成果。在本书的撰写过程中，我们都注入了大量心血，对每一篇文章都逐字逐句反复推敲，多次修订。书中一些文章的基本资料由吴婵霞、朱银燕、谢蔚臻及殷歧峰协助整理，在此谨表谢意。

何友晖

2017 年 3 月 23

目 录

Part 1
心理学与生活

01

漫游梦境：解读你自己的梦

即使对心理学没有深入了解的人，恐怕也听说过西格蒙德·弗洛伊德，或者听说过他所撰写的《梦的解析》一书。作为精神分析学派的创始人，弗洛伊德把探索人性的目光投向心灵中的无意识境界。他认为梦是"通往无意识之黄金途径"，是人们"欲望的实现"。在梦中，潜藏在无意识世界里的本能和欲望被释放出来，并且经常会出现有关性的象征。例如，他认为雪茄是男性生殖器的一个象征。有趣的是，作为一个吸雪茄上瘾者，传说他也曾说道："有时候一支雪茄，就是一支雪茄。"

然而，解读梦境并不容易。精神分析学家认为，即使人们在做梦，对无意识里的欲望的审查机制仍然在运作。通过心理分析，弄清楚"外显内容"与"内隐内容"之间的关系，才会有助于理解梦的含义。"外显内容"是做梦者所回忆及叙述的梦，包括思想、图像、事件等；"内隐内容"则指做梦者被抑制的无意识、禁忌、人性原始欲求。"外显内容"只不过是"内隐内容"的间接表现。

庄周晓梦

《庄子·齐物论》记载："昔者庄周梦为蝴蝶，栩栩然蝴蝶也，自喻适志与！不知周也。俄然觉，则蘧蘧然周也。不知周之梦为蝴蝶与？蝴蝶之梦为周与？周与蝴蝶，则必有分矣。此之谓物化。"

庄周晓梦的典故在东方智慧中是很有代表性的。那么，让我们西学中用，以精神分析来解读这个典故。我们邀请弗洛伊德（弗氏）和庄子这两位故人，进行妙想天开的对白，各自阐述其有关庄周梦蝶的观点。

> 弗氏：究竟，此梦何意？自然是完满如愿。
> 庄子：何愿？
> 弗氏：人性原始、禁忌的欲求。难道你感受不到那蝴蝶的妩媚？
> 庄子：道包罗万物，何来禁忌之说？
> 弗氏：蝴蝶形为何物？
> 庄子：轻盈如芳廷①，灵静如观音；幻作多彩的霓，喻为翩跹之兰。
> 弗氏：隐喻世间森罗万象，百趣怡人！
>
> 此时，弗洛伊德呢喃而叹，不觉欲与蝴蝶起舞。但蝴蝶已悠然而去，飞离雪茄烟雾的缭绕。

我们对精神分析的鼻祖开了一个玩笑，并没有居心不敬。可是，精神分析实在有不足之处，也绝对不是解梦的唯一途径。我们还要接触庄周梦蝶带来的许多基本问题。首先要谈及的是孰梦，即到底谁在做梦。"不知周之梦为蝴蝶与？蝴蝶之梦为周与？"庄子并没有正面回答这问题，他只认为他所梦的梦是"物化"的表现。推而广之，万物的转化是基本原理，体现于不同的现象中，包括梦境。

当然，"周与蝴蝶，则必有分矣"。分别在哪里？在蝴蝶"不知周也"，而周肯定知道蝴蝶的存在。引用心理学的术语，就是人类独有高层认知的智能。庄周晓梦还提出了其他复杂的问题，例如，梦中认知与醒后认知本质上的区别、界限与关系等。

《庄子·齐物论》另有一则，亦以梦作为寓言："梦饮酒者，旦而哭泣；梦哭泣者，旦而田猎。方其梦也，不知其梦也。梦之中又占其梦焉，觉而后知其梦也。且有大觉，而后知此其大梦也；而愚者自以为觉，窃窃然知之。君乎！牧乎！固哉！丘也与女，皆梦也；予谓女梦，亦梦也。"

首先要说明，庄子的"占其梦"没有半点迷信色彩。他说的是，我们在梦中也可以解读自己的梦。这是个突破性的思想！他还说，你、我、孔子、庄子本人都在做梦，这没问题，关键是你知道你是否在做梦，至要的是，有没有"大觉"。

读者们，现在我们邀请你们更上一层楼，问及有谁在梦中，梦着梦中人的

---

① 玛戈特·芳廷，一位伟大的古典芭蕾舞者。

梦，思其所思。假设你在做梦，而梦中的你是庄周，正在梦着"周梦为蝴蝶"。梦晓，你会面对一个不解的疑惑：你是庄子梦中之蝶，抑或是蝴蝶梦里的庄周？我们真的不知道有没有梦着别人之梦的例子。不过，天下无奇不有，我们不能排除这种可能性。"梦中有梦"的可能性则较高，你在梦中也梦见你本人在做梦。读者们，你们曾经有没有这种做梦的经验？

多元的对话自我

庄子不愧是古今中外一个伟大的思想家！他的创造性、独特性、超脱性，让我们感到望尘莫及；他的辩证思维，如今我们仍要学习。心理学家做了大量关于智能的研究，但是关于觉悟的研究，则显得贫乏。惭愧啊！

庄子对心理学家如何研究"自我"这一概念应有很大的启发。他的思想与位于心理学前沿的"对话自我理论"（dialogical self theory）基本上有不谋而合之处：自我的本质是多元性和对话性的（参看 p188《元认知：增进你知己知彼的能力》一文）。在梦境里，多元性和对话性的呈现尤为丰富。所以，梦不仅是通往无意识的绝佳途径，也是理解自我的"黄金途径"。

在梦境中，我们可以通过不同的视角窥探自我的多个侧面，如同醒时的平常状态，自我既可以作为观察者，也可以是被观察者（参看 p125《高级认知：人类独有的智能》）。身在梦中的"我"，好像被一个旁观者审视着自己的言行。有时候，旁观者还会提醒"我"，要把握时机、小心行事等；有时则会说"你只不过在做梦而已。"到底这个神秘的旁观者是谁？

自我可拆为多元的自我，他们之间相互对话。比如，梦中的我往往看到其他人（如亲友等）正在交往。有时候，我只不过是被动的观察者。别的时候，我却投入至其中一人身上，变为他（或她）了，甚至通过他与其他人对话。依据精神分析，这是投射（projection）作用，我把我自己的思想与感情投射到别人身上。但我们还要大胆提问，此时，他还保留着原有的性格转化成我的性格，抑或是我俩的融合性格？

不但如此，自我有时还会投入至数人身上，然后他们会自动相互交往。与此同时，我还继续以观察者的身份观看他们在做什么、说什么。我进入了自我构成的光怪陆离的梦境，充满神秘与玄妙！

有另外一点须补充说明："对话自我理论"源自西方，创建这个理论的心理学家，做梦都不会想到"多元自我"可以涵盖非人类的生物——例如蝴蝶。东方文化则不同，蝴蝶、兔、狐狸等动物，都与人类共存于天地间，并有可能相互沟通、转化。庄子说的"物化"，是涵盖了天地万物转化的。

然而，自我的随意变幻会加深释梦的难度。梦境中的故事，就像一部不同角色都具有自主意志的小说。正如巴赫汀①在解读托尔斯泰小说时认为，小说里的角色独立而自主地存在，他们可以根本不按作者的意愿行事。而你，做梦的人，本应该是这部梦境小说的作者，却有时不得不顺从角色的意愿任其自如演绎。你永远无法预料或掌控故事剧情的发展，这梦境故事的主导权，就像是由角色而非作者掌握着。

美梦噩梦皆有用

直到这里，读者可能会问，上面描述的梦里的现象笔者如何得知？答案是来自本书第一作者何友晖做梦的经验。他曾多次问及其他人，得知许多人也有类似的经验，梦境中的自我分拆为多元自我等现象获得验证。

读者也会问，难道我们必须借助于心理专家，才能够从梦中得到启示？非也，在丰富的梦境里，有时候我们仅凭借直觉，就可以感知梦的意义，并能更清楚地了解我们的现实处境。通过对梦境的体会，我们可以接触到心灵的深层，探讨内在的精神生活。

通常，我们会形容逃避现实的人是在"做梦"，但是，事实上梦境更倾向体现挫败多于得到满足。在梦里，通常难以获得欲望的完满如愿，甚至好像无法触及，就如完美的情人在刚要得到的那刻却化作幻影。难怪有时候梦醒之人总想重温美梦。

我们经常谈及美梦，但是许多梦却充满着令人不愉悦的经验。诸如：衣衫不整甚至裸体出现在观众面前，被羞辱却无处可藏，被追赶甚至差点被抓住，约会迟到，迷失方向，无法到达彼岸……有些梦则是现代社会的产物，是我们的祖先们所梦不到的。譬如，参加考试时发现自己无法完成答题的梦。要知道原始人类是无需"考试"的，但现代有不少人的生活，就像是面对着一系列无止境的考试，即使在梦中也无法逃避或停止。

不过，梦中惊魂却也不一定是坏事。那些潜藏在无意识深处的信息悄然显露，透过梦境提示着做梦的人。梦者或许能够借助这些信息，领会及获取意识层

---

① 米哈伊尔·巴赫汀，俄罗斯语言学家和文学批评家。

面的信息，做好防范的准备。

我们可能还敢于做不可能实现的梦，就如英国作家奥斯卡·王尔德所说，这是我们在黎明前所看到的世界。然而，我们可以借着"梦不可能实现之梦"，打开一扇通往崭新的行动及自我重建的大门。我们可能会扪心自问："我是否思考过这类从未尝试过的事？"或者，"我是否能够挑战自我，从新的角度去审视自我？"

总之，无论美梦还是惊梦，梦总是具有积极的作用。即便我们做了一个"不可能做的梦"，我们还是能够从积极意义上去解读这个梦境：我是否想到了一些我从未尝试去做的事情？我是否能够突破自我，用一种从未想过的方式来审视自己？

自我解读梦的启示

笔者何友晖曾经有过许多耐人寻味的梦，如今乐于与读者分享。我不会刻意引用精神分析或其他理论来解读我的梦，我想分享的是对梦里的景象、情节和事物的直接体验。

翱翔于天地间

有一次，我梦见自己就像拥有一双翅膀似的在天空中翱翔。一开始，我站在树顶向下望，觉得很恐惧。我在思考，怎样才能回到地面呢？离地千尺的我无法看见下面的情况，并且那些树似乎没有树干。渐渐的，我竟然学会了飞翔，借助气流，我自由地乘风翱翔于天地之间。突然间，我爱上了飞翔！

我联想到庄子《逍遥游》的精神：乐于自由、解放、不受世俗所约束。我亦领悟到，我们在梦里也能学习一门技能，体验日常生活中不曾有的经验，甚至克服恐惧，享受原来不敢奢望的活动。同时，这个梦也告诉我，无根的生活、到处漂泊不是滋味，我是否在寻根？

现在回顾起来，焦虑和恐惧在梦里是很寻常的。但是，在梦中，我始终没有从空中掉下来粉身碎骨而死。我好生奇怪，是否有人曾经在梦中被摧毁？在梦里，造梦者经常游离于死亡边缘，但似乎并不会真正死去。比如，你在梦中被追杀，面临绝境，好像必死无疑，可是你不会被杀死；你总是会死里逃生，但还是要继续逃跑。问题是，你要躲避的是什么？追杀你的个体往往是不清楚的，它代表了什么可怕的东西？

我的葬礼

至于在梦中自杀又如何？我没有这种经验，但是，我曾经在梦中亲眼目睹自己的葬礼！我窥视着亲友们在做些什么，说了些什么关于我的话，心里面又是怎样评价我（参看《对话行动：实践于生活中之应变及解决问题》一节）。这不是意味着梦中的我其实还活着吗？

突然，我听到心底轻轻的声音："勿怕，做梦而已。"原来，一个人在梦中也会安慰自己！但这却意味着我依然身在梦中。我将何时醒来？ 醒后又缘何得知这醒来的是我，还是梦中的我？此刻，依然茫然若失……。梦本是通往无意识的途径，此时却把我带入一片虚无之中。行于解梦之曲径，我愈加迷茫。

现在，我醒了，而且醒觉了。这梦的启示实在是太丰富，原来我还是很关心别人是怎样看待我的，更重要的是"当头棒喝"：所谓"盖棺定论"，人死了就太晚了，再不能改变生前的所作所为，我要珍惜当前活着的机会，去改善我的待人处世之道。

读者们，你们有没有梦过类似的梦、沉思过这些问题？

穿越"时间之沙"

这是一个引人入胜的梦。梦里我骑着骆驼置身于迷人的阿拉伯国土，呈现在我面前的是一幅生动的全景图，有山脉、绿洲，当然还有沙漠——这一切都是绚丽多彩的。我被那美丽的景色吸引住了，不愿离去，只想停留在这令人心旷神怡的梦境中。

我从小就向往遥远而神秘的阿拉伯世界。阿拉伯的沙漠对我有一种特别的诱惑，我觉得它是世界上最洁净的地方之一，但会无情地吞没无以计数的旅行者。我曾梦到旅行者在沙漠中行走，在沙上留下的足迹被风吹过后，他们无影无踪了。但是，旅行者真的消失了吗？

旅行者消失了，
真的消逝了，
看不见了。

足迹还在这里，
在读者心里，

活在你们的意识里。

梦境之中，沙上足迹的流逝寓意着人类存在的时间是有限的。生命是一个穿越"时间之沙"的旅行，往往是孤独的。一个独行的旅者能做什么呢？他只能进行自我的对话。这些对话让他能够协调内在自我的纷争，从而恬然自得。

回头细想，心理学家莫不也是旅途上的独行者，在过客匆匆的人生荒漠，不断地进行倾听和对话。尽管旅途中的足迹终将褪去，但留下的故事会继续演绎，仍然可以帮助自己乃至他人走出人生的荒漠。

许多年以后，我仍然可以清楚地记得梦中那幅鲜活的全景图。显然，它已经深深地刻在我的脑海里。即使在我写下这篇文章的此刻，这个梦仍然令我神魂颠倒。或许，它还隐藏着许多更深层次的意义，值得我们去探寻。

结　语

庄周晓梦的典故，至今仍在激发着我们的灵感，激励我们探寻梦境，让我们更加认识自己。简而言之，探讨梦的现象世界，有助于洞悉生活中发生的事件，全面考虑可采取的行动，继而使我们在现实生活中更为积极和主动。梦，让我们敏锐地认识了多元的自我，接触到潜藏于内心深处的情与欲。

看到这里，读者们，你们是否更加亲近自己的梦了，不再觉得它太深奥莫测、莫名其妙？是否被它更深深地吸引，欲与它进一步交流与互动？做梦、解梦、释梦？漫游梦境并不是弗洛伊德或周公旦的专利，你也可以探究自己的梦，剖析多元的自我，通过梦境与各个自我进行对话与交流。你要做的只是明晰这些对话的内容，感受和品味梦与生活的内在联系。

绮梦良缘，请君退思。

02

澄清误解：我是否有心理问题？

在日常生活中，我们常常听到一些贬义词，如变态、疯狂或癫狂等，而使用这些词的人，大多没有弄清楚其含义是什么。再者，人们会时不时怀疑自己失去了理性，或者以为自己快要"精神崩溃"了。

人的一生不可能一帆风顺，注定有起有落，有高有低。无论怎样，烦恼和悲伤都无法避免。部分人可以处理好这些负面情绪，但有些人会深陷于其中无法自拔，结果出现了心理问题。一直以来，无论中外，对于心理问题都持有讳莫如深的态度。社会上存在对其各种各样的称呼，诸如心理变态、心理混乱、精神病和神经错乱等。这些称呼，或多或少认为有心理问题的人与常人不同，是有病了，比如"神经错乱"，听起来有点可怕；"变态"则表达贬义。用这些贬义词是为了划清界限：别人是变态，而自己是正常的。这样就隐含着一个错误的假设，即人可以被划分为正常与不正常两种截然不同的类型。

必须注意一点，判断正常与否的标准不能脱离历史、社会与文化背景（参看p51《相对论与普世论：中西亲子关系之异同》）。同样的行为，在不同的背景里，可以得到不同的判断。下面关于同性恋行为的讨论，正说明了这一点。

心理障碍是什么

有鉴于人们对心理问题存在误解，我们首先需要厘清心理问题到底是指什么。我们认为心理障碍是一个较合适的专业术语，用来描述心理或精神问题。有心理障碍的人会有适应问题。用中国人的话来说，就是难以立身处世于社会中。

在本文中，我们会避免使用医学上的术语，如病态、病症和疾病。毕竟，心理问题和疾病是不同的概念，两者有本质上的区别。与疾病类似，心理障碍也可以分为很多类别，相互之间存在严重程度的差异。在本文中，我们将介绍三类常见的心理障碍，严重程度由低到高分别是：心理困扰或心理失调（psychological disturbance or maladjustment）、人格障碍（personality disorder）和精神病（psychosis）。另外，我们认为有必要谈及两种现象，一是同性恋这个敏感话题，二是心理学较少讨论的疏离感。

心理困扰

心理困扰是较轻微的心理障碍，常见的两类是适应障碍（adjustment disorders）和焦虑障碍（anxiety disorders）。当人们无法应对生活中的压力，如重要考试失利、失业和失恋等，适应障碍便会表现出来，焦虑和抑郁等情绪上的症候随之而来，人们也可能会表现出不恰当或适应不良的行为，如违反社会规范。

焦虑障碍是一系列心理障碍的总称，包括广泛性焦虑障碍（generalized anxiety disorders）、恐惧障碍（phobia）和强迫性障碍（obsessive-compulsive disorder）等。在日常生活中，我们常会感到焦虑或恐惧，当焦虑或恐惧过度和持续过久，便会影响到日常功能，成为心理障碍。

焦虑和恐惧是不同的。当我们看到或感觉到危险，或觉得自己将受到伤害或攻击（如战场上的战士），我们会感到恐惧。恐惧的原因是清晰的，而焦虑则有所不同。无论日夜，很多时候我们都感到焦虑，但就是不知道为什么。正所谓自问未作亏心事，无人叩门亦心惊。所以在这个层面上，焦虑比恐惧更难处理。

恐惧和焦虑并不总是不好的，实际上恐惧和焦虑可以警告我们潜在的危险或尴尬的社交情境。根据警告，我们可以采取对应行动而避免危险。适度的焦虑更有促进作用，比如，一个学生对考试有焦虑，这将有可能促使他去认真学习。

但过度和广泛性的焦虑是有害的，可能会使人不适，影响到日常活动。有些人似乎生活在不断的恐惧中，却不能明确地知道他们惊恐的究竟是什么。他们总是在过分担心，甚至是一些小事情，这使其自身长时间处于紧张状态。像这样的"紧张大师"不难找到，他们患的是广泛性焦虑障碍。

当我们处于危险的情况时，恐惧是合理的反应。但有些人的过度恐惧却是非理性的，而且在没有任何危险的情况下也会感到，一些人对某些客体（如鲜血、指针、昆虫、老鼠或蛇等动物）或处境（如社交场合、广场、高楼、闭室或其他场所）感到莫名的恐怖，这些心理障碍被称为恐惧障碍。

还有强迫性障碍，患者的思维会被扰乱，注意力不能集中。一些奇怪的、琐碎的、又不能控制的思想盘旋在患者的脑海中，越想取去，反而更加牢固。于是他有被自己的思想困住的感觉，注定要受罪，渴望能自我解脱。有些患者则呈现强迫性行为，如反复洗涤、核对、检查或询问等。这些情况可能不为外人所知，患者唯有暗地受苦，不知道其实有许多人亦有类似的经历。

人格障碍

人格障碍比上述适应障碍严重得多，因为它不局限于患者由于对压力应对不良而产生失调，它持续的时间也比适应障碍要长得多。人格障碍意味着由畸形发展而带来的基本问题，具体表现为冲动控制不足、难以维持亲密关系或承担工作的责任。人格障碍患者在生活和社会交往上一直存有问题，例子如下：

悲观主义的人，消沉于苦闷中，只懂得自我怜悯，却不想办法去解决问题。

依赖性过强的人，处世消极，难于主动办事，照顾自己；依附于人，又特别害怕被别人遗弃。

自恋性强的人，自我中心，经常不顾及别人的感受；有自我表现癖性，要展露自己的优点，渴望获得别人的赞美，但却只暴露了内心的自卑。

具有强烈对抗性的人，个性嚣张，经常带着敌意，小者，性好争辩、好勇斗狠，大者，则不断和社会斗争，以身试法。

精神病

精神病是非常严重的心理障碍。它的主要症候是患者失去与现实的联系，幻觉，妄想，认知混乱和情感错乱（如在谈及悲痛时放声大笑）等。有精神病的人可能无法工作或维持稳定的人际关系，严重时，住院是必要的措施。

在动物中，只有人类会通过自杀来逃避痛苦，并以多种方式去歪曲、伪造甚至脱离现实。当一个人感觉到现实是那么痛苦，必须躲进自己所创的另一个世界时，就悲惨极了。严重的病态使人难以立足于社会。当这种情形发生的时候，个人的社会适应能力宣告破产，那么他可能就需要在精神病院中度日，并被标签为精神病患者，被社会排斥。

同性恋

虽然某些文化（如古希腊文化）接受或包容同性恋，但自古以来，同性恋在多数文化里仍被认为是非自然而须被谴责的。到了今天，它仍是个敏感话题。正因如此，我们感到有义务在这里讨论这个主题。

当本书第一作者还是临床心理学研究生时，同性恋在权威教材里被列明为异常或精神疾病。但在 1973 年，美国精神病学会删除了有关同性恋的诊断。然而，在 2001 年中华医学会精神病学分会①，继续把同性恋列入性"指向障碍"，但表明"从性爱本身来说不一定异常。但某些人的性发育和性定向可伴发心理障碍，如个人不希望如此或犹豫不决，为此感到焦虑、抑郁，及内心痛苦，有的试图寻求治疗加以改变"。我们认为，同性恋者所经历的痛苦，往往不是因为性取向本身，而是因为宗教信仰或社会恶意、褊狭的态度所造成的结果。

由此可见，同性恋行为本身不是变态的，我们亦不可以把有同性恋行为的人与定型的同性恋者划成等号（参看 p88《走入禁区：性欲与性爱》一文）。但是，有关同性恋的争议还是存在着，社会对同性恋的偏见和歧视仍根深蒂固。要使社会上的这些偏见和歧视真的消失，还需要很长一段时间。

疏离感

上述各种心理障碍可在个人的思想、躯体功能、主观感觉、工作、人际关系及社会行为各方面显示出来。但是，现代人所特有的异化现象（alienation），却不是那么容易说明的。生命中的困扰不属于单独一两方面。个人似乎生活在许多人的包围中，但仍感到孤独与疏离，或沉沦于拥有物质、官能刺激等活动，以掩饰心灵的空虚。

如果我们允许自己反省一下，就会体验到深沉的苦闷及可怕的空洞，犹如过着机械化的生活，这就是存在主义著作中的一个论题，吸引了许多社会、宗教及哲学思想家的注意（参看 p15《心灵空虚：现代人需要直面的问题》一文）。

对心理障碍的误解

常人对心理障碍的观念和态度，不论在东方或西方，都有很多相似的地方。不过，有些取向在中国社会中似乎特别显著，并且形成一道难以逾越的障碍，妨

---

① 中华医学会精神科分会.2001. 中国精神障碍分类与诊断标准（第三版）. 济南：山东科学技术出版社.

碍了我们对心理障碍作较合理的处理。其中最显著的，我们可称之为泛道德的取向或泛道德观，即凡对人对事，只单从好与坏，对或错的角度来看。很多人认为心理障碍是令人丢脸的观念，与泛道德观很有关联。

对个人的行为，大多数人往往只是根据道德观念和价值观来判断；很少人会认真地去探究个人行为的内蕴。倘若有人犯了过错，社会便一致予以痛击。例如，一名学生不愿读书，在校成绩不及格，就被认为"懒惰"或"愚蠢"；不服从父母的孩子，不论其理由何在，就给他加上"忤逆不孝"的罪名；酗酒或吸毒的人，就被认为是"意志不坚"；性行为不检点就是"赋性淫荡"；犯人之所以犯罪，乃因"秉性不良"。简言之，个人错误的行为就是其"劣根性"的结果。

不过，应该注意的是，这些都是循环、多余的说法，并没有解释上述各种情形。差错的行为只带来排斥、谴责甚至惩罚，并不能对受到困扰的人有任何帮助，反而会使他陷入更深的困扰中，无法过较健康的生活。

常见的错误思考方式是将问题归结于自身，但我们都清楚外在环境因素对人的影响不容忽视，尤其体现在工作环境和家庭里。另外一点也十分重要，一个人的问题与他的社会关系是分不开的。比如婚姻问题，两个好人没有组成美好的家庭，反而在婚姻中互相折磨对方。

精神病对个人和家庭有严重的影响，有相关的误解也特别常见，现列出如下：①精神病患者和正常人，是指两种截然不同类型的人；②由于难以了解精神病的原因，所以一提起就怕；③精神病患者多有危险性，应时时加以提防；④精神病是无法医治的；⑤纵欲（特别是自慰）能引致精神错乱或神经衰弱；⑥患病期间，精神病者的心智都一直是错乱的；⑦精神病是遗传的，或是劣等天赋的结果（事实上，精神病是由于遗传、外在因素与其他因素的互动所引发的）。

由于泛道德观和认为患精神病是令人丢脸的观念作祟，患者为了不让他人知道，而不敢去寻求专业辅助（如心理治疗等）。中国人对家庭里的困扰，是多不愿外人知道的——所谓"家丑不可外扬"即为有名的训诫。精神病既被认为是丢脸的，则不但患者本人蒙羞，连其整个家庭的声誉都受到了损害，结果形成了一股重大的压力，使得患者及其家人都须尽量隐瞒，而在暗中饱尝痛苦。

然而越隐瞒，所受的痛苦也随着增加：受困者不能与别人谈及内心的苦闷，只得将它埋藏在心头，因而很容易把自己的困难扩张，自感身处绝境，殊不知可能有无数的人也正处于同样的苦境呢！

我们主张以较为开明的途径去处理心理障碍，那就是治疗取向：以注重解决问题和促进康复为出发点，来探究行为失常的原因和寻求更有效的矫正方法。有心理障碍的人所需要的是了解，并非只是同情而已；遇有严重的情形，则需寻求专业的辅助。为了避免误解，我们必须说清楚：治疗取向和道德并无矛盾，目的只是使有障碍的人能够帮助自己更有效地去处理人生问题。

结　语

教授变态心理学的教师非常清楚，在听了有关变态的描述后，学生有怎么样的反应。许多学生会将这些描述与自身情况联系起来："哎呀，我有这么多症状，我是不是疯子啊？"因此，教师有时候需要详细解释他们所谓的"症候"，减轻他们的害怕和恐惧。

现在我们已经准备好回答副标题的问题——"我是否有心理问题？"我们的回应是一个反问："我们能找到一个没有心理问题的人吗？"

因此，对第一个问题的回答是肯定的"是"！我们大胆断言：所有人都有不同程度的心理问题（不一定严重至心理障碍）。有心理问题不是问题，相反，拒绝承认和处理才是最大的问题。自己解决不了，理应寻求专业心理咨询师或心理治疗师的帮助。

心灵空虚：现代人需要直面的问题

灵性（spirituality）是复杂而深奥的构念（construct），它的反面是心灵空虚。现代社会涌现出越来越多感觉到心灵空虚的人，影视或文学作品对他们的表现有颇多。随着经济水平的提高，人们对精神生活的需求变得愈加强烈。很多人工作一辈子都不知道自己为什么工作，他们只是迫于生活，感到无可奈何，盲目随波逐流，甚至迷失自我。一言以蔽之，就是心灵空虚。相反，拥有灵性的人，则会对生活保持积极的态度，觉得每一天都过得有意义。灵性的求索，是达至生活臻美之道。可见，灵性是多么重要！

不过大家对它的真正涵义还是比较陌生的。通常，人们听到"灵性"便以为是宗教或神学的概念。其实不然，多年来已有不少学者认为灵性和宗教是可以且有需要区别开来的。作者何友晖等人剖析了灵性的构念[①]，认为灵性的本质具有三个特征：第一，灵性关乎存在及超越（transcendence），追求生命的意义与目的是灵性的动力；第二，灵性是最高层次的核心价值，如对自我实现的追求，灵性对生活的每一方面都具有莫大的影响；第三，灵性是自我反省的历程，涉及高层认知（即元认知，参看 p120《辩证思维：人类思维的顶峰》）。

这样的界定说明，我们不可以把灵性与宗教性（religiosity）画上等号，同时亦为普世灵性（ecumenical spirituality）的构念奠定了理论基础。灵性不再局限于宗教或有神论，这将有利于其扩展到全人类中。实际上，在欧美也有研究者倡导对灵性的讨论不应排除无宗教信仰的人，毕竟欧美也有诸多无宗教信仰者，而他

---

① Ho D Y F，Ho R T H. 2007. Measuring spirituality and spiritual emptiness：Toward ecumenicity and transcultural applicability. Review of General Psychology，11（1）：62-74.

们亦有灵性的需求与表现。

灵性属于心理现象的范畴，不是什么超自然、神怪的东西。可是，灵性是心理现象里最高层次的一部分，对整个人生具有支配性的作用。举例来说，觉悟是心理至高层次的活动，遗憾的是，心理学在这方面的贡献颇为稀薄。相反，在佛学中有关觉悟的思想非常丰富。觉悟的高点是顿悟，而顿悟的至高表现莫过于"放下屠刀，立地成佛"。中国人的日常语言受到佛家文化的浸淫，变得更丰富了，如"因果""报应""前世""来生""缘分"等。又如"洗心革面，脱胎换骨"，不能用普通的心理学词汇来表达，亦不可以与"人格改变"（personality change）同日而语。"洗心革面，脱胎换骨"是飞跃的质变，是彻底的转化（total transformation），表示人类有自我转化、自我改造，甚至自我再创造的能力（参看 p125《高级认知：人类独有的智能》）。

灵性一词是常常被滥用的。我们的分析为外显行为应纳入还是排除于普世灵性以外，提供了有效的标准，同时也为心理评估提供依据。至少，我们可以避免因过度涵盖而稀释灵性这一构念的有效性的弊端。

跨文化的灵性

普世灵性就是涵盖全人类的。但是，建立一个可以应用于不同文化的概念构架是非常困难的。为了实现普世的理想，我们提出了两个策略。第一是求同策略，从哲学和宗教等高度抽象的层面，抽取在不同文化背景下我们对于灵性的共同观点；第二是构念构架涵盖最大化（或构念排斥最小化）策略，建立包容性最大（或排斥性最小）的关于灵性的构念构架。

求同策略，源于我们察觉到世界上不同的哲学或宗教思想具有共性。尽管不同思想体系的具体实践有所不同，但却强调相类似的核心价值观：勇敢、宽容、善良及对信仰的坚定等。例如苦难的价值，在基督教中体现于耶稣为人类的救赎而忍受苦难的折磨，在佛教中体现于苦行僧的修炼与慈悲。经过高度抽象层面的提炼，我们可以发现，接受苦难是不同宗教共有的价值观，接受苦难是通向灵性的一种途径。当然，这并不是唯一的途径，正所谓"殊途同归"。

依据涵盖最大化的策略，普世灵性应包括主要的哲学或宗教思想中的核心价值。因此，追求真理、为理想而奋斗、珍惜生命、博爱等价值都是灵性的组成部分。据我们所知，世界上主要的宗教都不排斥这些观念。相反，不杀生的价值，把珍惜生命从人类推广至所有生物，唯佛教特有；认为人生而有原罪，唯天主教特有。所以，这些观念都不适合被纳入普世灵性构念中。涵盖最大化的策略提示我们，灵性不应像有些学者认为的那样，仅局限于有神论的世界观，这种局限会排除人类文明中一大部分世界观，如儒家的人本主义、无神论和不可知论等。

何友晖等人的结论为本文提供了理论基础，可以归结为以下四点：

第一，灵性和宗教性是有重合的构念。因此存在具有灵性而没有宗教性的人、具有宗教性而没有灵性的人，也存在两者兼有或兼无的情况。灵性与宗教又有各自独立的部分，显示出两者的差异性。可以说，灵性的体验并不一定需要信仰宗教；同样的，个体信仰宗教并不代表其必然具有灵性。

第二，通向灵性的途径是多种多样的，根植于不同哲学或宗教的价值观和信念之中。但是，我们可以在高度抽象层面上提炼这些价值观和信念之共同性，并且实现构念涵盖的最大化。特别值得注意的是，有神论或无神论都是灵性既不充分也非必要的条件。

第三，心灵空虚伴随着消极对待，人们甚至抗拒追求人生的意义和价值，因而感到生命没有意义，失去了生活的目的，没有一丝方向感。疏离和异化是心灵空虚的核心症状（参看 p9《澄清误解：我是否有心理问题？》）。

第四，灵性实现和心灵空虚可以共存，在人生的不同阶段或情况下交替出现。灵性获得的过程充满改变、挣扎和自我转化，而过程的本身具有意义，是会带来满足感的。我们不是圣人，无须一定要达到终极高点，但是我们必须采取实际行动迈向这高点。

通过我们对普世灵性的阐述，使得灵性在跨文化的应用上推进了一步。看到这里，相信很多读者都会有困惑，具体来说灵性是什么东西呢？接下来，我们将会具体说明。

灵性与心灵空虚

从表现上来看，灵性实现和心灵空虚两者反映的内容是相反的。有灵性通常不会心灵空虚，反之亦然。但如上所说，灵性和空虚可以共存，在不同阶段或情况下交替出现。还有，一个人可以在某一范围内充满灵性，而在另外一个范围里却感到空虚。所以，从评估的角度来看，使用多维度是必需的。

何友晖等人[①]提出 32 对构念（construct pairs），组成 7 个维度来表述灵性的

① Ho D Y F，Yin Q. 2016. A heuristic framework for multidimensional evaluations of spirituality：Toward transcultural applicability. The Humanistic Psychologist，8（2）：180-185.

多元内涵。通过正反两面的对比，读者将能更好地把握灵性和心灵空虚二者的内涵和区别。主要关键词整理在表 1-1 中，以让读者更好地理解。

对灵性读者应该全方位去理解。反思/去自我中心和教条/自我中心，是从认知角度去理解，体现的是元认知能力与去中心化思考能力；心灵敏感和麻木/混乱，则从情感角度去分析，体现的是个人情感体验能力；接受和否认是从勇气角度去看，表现的是个人能否直面人生无可避免或改变的事物。其余维度都有其所代表的内涵（表 1-1）。

表 1-1　灵性与心灵空虚对比

维度	灵性	心灵空虚
反思/去自我中心和 教条/自我中心	反思和元认知 去自我中心化	教条主义 自我中心
心灵敏感和 麻木/混乱	审美的敏感性 满足感 欢乐 情感有深度 宁静 自发性 热情	感官的过度兴奋 不满足感 愤懑 心理麻木 混乱 压抑性 冷漠
接受和 否认	接受或正视生理条件 接受无可避免的事情 接受无法改变的事情	拒绝接受或面对生理的条件 拒绝接受无可避免的事情 拒绝接受无法改变的事情
谦卑和 自大	认清个人的局限 认清人类的不完美 明白有比人类更高的力量 谦卑	过度强调个人能力或成就 过度强调人类的集体成就 过度强调人类的优越性 自大
存在性探索和 物质性享乐	对存在性话题特感兴趣 有比物质追求更高的目标 精神价值 精神活动 对拥有物质欲望温和 规范享乐	对享乐性话题特感兴趣 享乐物质追求目标 物质价值 成瘾活动 对拥有物质欲望疯狂 挥霍享乐
超越和 自我局限	关系中的自我 慈悲 无私 利他主义 普世的博爱	孤立的自我 狠心 自我中心 自私 厌恶人类
自我实现和 异化	保持社会联系 亲近 意义丰富 规范化 自主性	社会孤立 疏离 意义缺失 规范缺失 无力感

通过构造这 7 个不同维度，我们可以从不同方面看到拥有灵性的人有何表现（表1-2）。个人可能在某些维度上偏向于心灵空虚，而在其他维度上，却偏向于灵性。在同一维度里，灵性与心灵空虚亦可能共存。

表 1-2　灵性各维度的关注核心

维度	关注核心
反思/去自我中心和教条/自我中心	认知维度：元认知与去自我中心思考能力
心灵敏感和麻木/混乱	情感维度：情感体验能力
接受和否认	勇气维度：直面生命中无可避免或改变的事物之勇气
谦卑和自大	自我维度：谦卑的表征
存在性探索和物质性享乐	意义维度：对生命意义和目的之探求
超越和自我局限	人际维度：超越自我而关注他人的能力
自我实现和异化	统合维度：灵性追求的圆满

例子：自我实现与异化

简单来说，灵性与心灵空虚在上述七个方面有所区别。由于灵性的内涵和外延都过于复杂，在这里我们将通过比较自我实现与异化来帮助读者理解。自我实现的倡导者主要为人本主义的心理学家。他们强调人拥有自我实现的潜能，能够实现自我是一个极高的理想。而这里对于异化的理解，主要遵从马克思的异化劳动理论。

自我实现与异化具有对立性。一个人若有灵性，应与他人有所联系，对周围事物感到亲近，觉得人生有意义，遵循相应的规范和个人价值观，更会对自己和社会负责，有自觉能动性。相反，一个人心灵空虚，则有可能在某些方面很糟糕，比如，感到孤立和疏离，更严重时认为自己没办法掌控生活（表1-3）。

表 1-3　自我实现和异化

自我实现	异化
保持社会联系 感到和他人是联系在一起的	社会孤立 觉得自己与他人孤立
亲近 感到自己与自己、周围事物乃至大自然有联系而亲近	疏离 感到自己与自己、周围事物乃至大自然无联系而疏远
意义丰富 觉得人生是有意义、有目标的，能够投入到追求生活目标中	意义缺失 觉得人生是没有意义、没有目标的，不能投入到追求生活的任何目标中

续表

自我实现	异化
规范化 认为生活遵循一定的规范和价值	规范缺失 在生活中不遵循任何规范，道德准则缺失
自主性 有主宰性、主观能动性，认为自己是生活的主人	无力感 对生活感到无力，认为自己无法控制外在的力量，无法掌控自己的生活

结　语

在笔者何友晖等人的理论建构上，本章介绍了灵性与心灵空虚。我们认为，灵性是一种对人生最高层次的积极态度与状态，与宗教并不等同，这种界定更有利于对普世灵性的探讨。

在当今社会中，精神文明的建设往往落后于经济发展，这是可以理解的，毕竟经济发展永远是第一步。只有当物质生活提升，达到或超越最低水平时，人们才有时间和精力去追求精神上的满足。但由于社会的急剧变化，精神文明与物质文明的匹配度良莠不齐，导致许多人价值观混乱，人变得急躁和盲目的同时，开始对生活意义诸多质疑。我们认为，现在正是需要强调灵性的时候了，倡导人们发展和培养自身的灵性将有助于他们抵抗社会现实的冲击，摆脱盲目混乱，远离心灵空虚。

良知的内化：尴尬、内疚与羞耻

在盲目追求经济发展的今天，无论东方还是西方，羞耻感已被贪婪所掩盖了，特别是对权贵或政客而言。强调羞耻感能帮助社会重新建立历来被推崇的行为标准。

——何友晖

耻感，可以说是除法律之外，来自内在良知及社会道德准则的无形调控力，这一点在儒家思想中尤为体现。儒家强调："耻"是道德的基础，"羞恶之心，义之端也"（《孟子·公孙丑》）。《礼记·哀公问》曰："物耻足以振之，国耻足以兴之。""知耻而后勇"说明，耻辱可以成为自我激励积极力量的来源。孔子评论道："道之以政，齐之以刑，民免而无耻，道之以德，齐之以礼，有耻且格"，其意思是用法制禁令去引导百姓，使用刑法来约束他们，老百姓只是求得免于犯罪受惩，却失去了廉耻之心；用道德教化引导百姓，使用礼制去规范百姓的言行，百姓在萌生羞耻之心的同时，也便可逐渐循规蹈矩，即"以德治国"，关键还是要让百姓知羞明耻。这就涉及心理学家所说的良知内化历程。

东西方文化的差异

东方文明尤其突出"耻感文化"，与之相比，西方文明则以"罪感文化"较为突出。在基督教教义中，人皆生既伴有原罪，只有信上帝才能够得到救赎。原罪来自于夏娃在伊甸园中，轻信恶魔撒旦的魅惑而偷吃禁果。这种"人生而有罪"的思想，让人对上帝敬畏，以求通过获得救赎而离苦得乐，并进一步发展成为宗教的原始动力。在伊甸园中，亚当和夏娃赤裸相见，不觉得羞耻。吃了禁果之后，懂得是非，便产生了羞耻感。由此可见，根据基督教的说法，羞耻是人类最早的负面情绪，与发展心理学中羞耻早于内疚出现的理论不谋而合①。如此说来，个人的发展历程重演着人类的发展历史（ontogeny recapitulates phylogeny）。

尴尬、内疚和羞耻虽然作为人类共有的情绪，但在不同文化中，这些情绪有不同的表现方式。这个观点曾得到诸多跨文化情绪相关研究的支持。例如，有研究者对汉语和英语中表达面部表情的词汇进行了语言学上的分析，发现汉语里面有超过 150 个词汇描述尴尬、内疚和羞耻的情绪表达，但在英语中最多只有数十个相关词汇②。

再比如，汉语"脸红"和英语"red-faced"都表达了相同的含义，都指情绪的变化引起了生理的反应。然而，无论是书面语还是口语，汉语中和"颜"相关的词汇，在英语里却很难找到相似的表达，如"颜面无存""厚颜无耻""汗颜无地"等成语。在汉语里，关于耻感的故事和成语不胜枚举，常见的诸如"无颜见江东父老"和"丑妇终须见家翁"等，在英语中则较少有表述。

另外，儒家文化背景下的中国，一般不主张人们情绪外露。谈不吐沫、笑不露齿、四相威仪等被认为是君子所应持有的神色。掩饰羞耻，避免尴尬，是中国君子们所必须修炼的"功夫"。这种对情绪表达的抵触，容易造就人际交往过程中的"虚情假意"。中国传统的成语里的"笑里藏刀""皮笑肉不笑"等，或多或少都反映出心口不一、在意颜面、缺乏真诚乃至胸怀歹意。

区分尴尬、内疚和羞耻

尴尬、内疚和羞耻是一组由轻到重的消极心理感受，程度最轻为尴尬，最重为羞耻。除了可以不同程度地表达人的心理感受之外，它们之间还存在着一些独特的区别。了解这些区别，可以帮助我们更好地认识以它们为基础的"面子"过程。所以，我们将从更加细致的视角来透视这些情绪（表 1-4）。

---

① Ho D Y F, Fu W, Ng S M. 2004. Guilt, shame, and embarrassment: Revelations of face and self. Culture and Psychology, 10（1）: 159-178.

② Wang L, Fischer K W. 1994. The organization of shame in Chinese. Cognitive Development Laboratory Report. Cambridge, MA: Harvard University.

表1-4　尴尬、内疚和羞耻的区别

区别	尴尬	内疚	羞耻
感知方式	视觉性的	听觉性的	视觉性的
道德和责任	可有可无	有道德和责任因素	可有可无
是否有旁观者	一般需有旁观者	可有可无	可有可无
强度和持续时间	强度低， 持续时间短	强度中等到高， 持续时间较长	强度中等到高， 持续时间较长
消除方式	幽默、自嘲	自嘲、倾诉、 做补救工作	需要消除引起 羞耻的根源

感知方式

我们通常将内疚比作良知和欲望之间的对话。欲望怂恿我们去做坏事，但良知却会责备我们，让我们感到内疚。从这个意义上来说，内疚常常伴随着来自内在的声音，仿佛良知是在责备你。通常，尴尬和羞耻会伴随着脸红耳赤、虚汗淋漓等外部表现。当人们做了"不可告人的事情"时，出现被人"看到"或害怕被人"看到"的心理状态，会引发这两种情绪。从这个意义上来说，尴尬和羞耻都具有视觉上的信息。

道德和责任

根据心理学的观点，内疚的出现是以良知为前提的。良知谴责我们自己，因此内疚不可避免地与道德和责任有关。例如，"我们应该赡养父母"，这既属于道德范畴，也是我们应履行之责任，当没有做到时，我们会感到内疚。但是，尴尬却不一定和道德有关。尴尬来源于儿童在成长过程中所发展的社会敏感度，它是人们在关注别人怎么看待自己时可以引发的情绪。例如，我们走路时踩到香蕉皮而不小心滑倒，可以令我们觉得尴尬，但并不会让我们产生良心上的不安或是内疚。同样的，羞耻也不一定与道德有关。例如，"丑妇终须见家翁"说的就是新媳妇不漂亮，她可能因不能让公公婆婆满意而羞愧，但是这与道德评判无关。然而，如果她做出了出格的事情，这时候羞愧就可能会与道德相关了。

是否有旁观者

相较于内疚和羞耻，尴尬的产生往往更多是基于旁观者的存在。例如，踩到香蕉皮而摔倒了，如果周围没有人在，我们自己拍拍屁股爬起来，并没有什么大碍。但是，如果周围有别人在，即使是亲密的人，我们内心也会出现自觉不妥的想法，如"啊，真糗，他/她会不会笑我？"此时尴尬便溢于言表了，这是尴尬与内疚和羞耻的最大区别。然而，内疚和羞耻在有没有旁观者在场的时候都可存在。

强度和持续时间

正如前面所说的一样，尴尬属于比较轻的负面情绪，当它出现的时候，一般自嘲一番、打个圆场就过去了。但是，内疚和羞耻可持续比较长的时间。特别是当引起这些情绪的事情难以消除时，内疚和羞耻将一直伴随。例如，"子欲养而亲不在"的内疚可能成为终身的遗憾。再如家族中若有"卖国贼"，羞耻感将令人难以忘怀，甚至可能持续地埋藏在几代人的潜意识中，挥之不去。

消除方式

消除尴尬最好不过的方式就是幽自己一默了，这种"打圆场"的自嘲方式往往能够使自己和旁观者一笑而过，当即释怀。内疚有些时候也可通过自嘲的方式来减轻，同时，向别人倾诉，表达自己的良知，也是很好的自我缓解的方式。然而，羞耻较前两者更难以消除。如果引起羞耻的根源无法消除，那么羞耻的感受也将很难消除。比如，基于印度种姓制度，若人们出生时为低等的首陀罗种姓，想要通过自身努力提升社会地位是极为困难的，即使他们幸运地拥有财富，或是有高于常人的才智，源于地位低等的羞耻感仍然会伴随其一生。

自我意识情绪的扩展

尴尬、内疚和羞耻，这三种自我意识情绪普遍被认为是较为负面的心理情绪。尤其是羞耻，人们倾向于把它深藏在心中、讳莫如深，或极度回避它，将其搁置一处、不予理会等消极对待。这实际上并不利于心理健康，通常只有通过面对、理解和接纳这些情绪，才可以加深我们对自身的认识，继而能够良性地应对相应及类似的事件。

为了更好地认识尴尬、内疚和羞耻这些自我意识情绪，读者可以尝试从两个层次的知觉去展开自我分析（参看 p188《元认知：增进你知己知彼的能力》）。比如说，我对自己的身体很不满意，因为很胖而觉得没面子，感到不安，这属于第一层次的知觉；当我进一步发现，自己居然仅仅因为自己胖就感到羞愧，多么没有必要，这就属于第二层次的知觉了。若要真正了解尴尬、内疚与羞耻的原因，就要明确它们来源于哪个层次的知觉（表1-5）。

表1-5　两种层次的尴尬、内疚和羞耻

层次	知觉对象	自我意识情绪例子
第一层知觉	我如何看待自己（自我知觉）	我因为自己长得胖而感到不安
	我的社会形象（社会自我）	在众人面前出丑，我会觉得很尴尬
	我如何看待别人（他人知觉）	我对弟弟的行为感到很尴尬
	我如何看待人际关系（关系知觉）	我对引起朋友们的争执而感到很内疚
第二层知觉	对自我知觉的知觉	我羞愧自己居然会为身体长得胖而不安
	对社会自我的知觉	别人认为我是一个失败者，我感到很羞耻
	对他人知觉的知觉	我对自己因为弟弟的行为感到尴尬而内疚
	对重要他人形象的知觉	别人看不起我的父母，对此我很羞耻

结　语

有着数千年深厚历史积淀的中华传统文化，赋予表达尴尬、内疚和羞耻诸多相关词语，可以帮助我们多面地理解这三种情绪。对这些情绪进行分析，准确地判断其性质上的异同之处，将有助于我们在日常生活中了解它们的作用及影响，强化应对负面情绪的能力。

过分的尴尬、内疚和羞耻是自我接受不足的表现。如果每天都充满了惭愧的感觉，是何等的难受？我们的观点是，羞耻感历来是中国人心灵的桎梏；我们的理想，是要彻底清除这种桎梏，同时而又保留着应有的羞耻感！

读者在阅读本章后，也可尝试挖掘自身类似的情绪，加深对自我的了解，继而从负面情绪中解放出来，好好地接纳自己。

05

社会形象：错综复杂的面子功夫

　　鲁迅先生曾说，想了解中国精神的纲领核心，离不开"面子"二字。中国人从小到大，时时刻刻都需要和面子打交道。当我们还是小孩的时候，父母教育我们要认真读书，以后光耀门楣；长大后，周围的人都努力工作，争相买大房开好车；渐渐的，朋友之间的交往，越来越讲究体面，请客送礼绝不能寒碜……这些都是所谓"面子功夫"的鲜明写照。从普通话里面的"丢脸"，到粤语里面的"羞家"，再到当前形象生动的网络词汇"囧"，都说明要顾及面子的重要性。虽然顾面子不是这些行为的唯一原因，但是面子功夫的确刻画了华人社会中人际运作的基本模式。人际过程中涉及面子而产生的尴尬、内疚甚至羞耻，可以说是控制甚至支配着中国人各方面的日常行为，给我们留下既有难堪、也有鞭策的思考。

什么是面子？

　　首先要说明的，面子不是心理学里面所讲的人格。与面子比较接近的概念，是社会性自我（social self）和社会形象（social image）[1]。社会性自我是一个人显露在公共领域中让别人看到的"我"。社会形象则是别人根据个人在公共领域的表现而形成的印象。依此类推，面子也是双向的：一方面是个人对自身面子主观的评估和要求，另一方是从别人的角度对他应有多少面子的评价。两者往往是

---

[1]　何友晖. 2006. 面子的动力：从概念化到测量. 中国社会心理学评论（第二辑）：65-78. 也可参看：周美伶，何友晖. 2006. 从跨文化的观点分析面子的内涵及其在社会交往中的运作中国社会心理学评论：186-216.

不一致的，可造成相互间人际关系的紧张。

社会学家们曾花费很大力气深入探讨具有中国特色的面子问题。胡先缙是其中的代表人物。他将"面子"和"脸"区分开来，认为两者基于不同的标准。"面子"是指个人在生活中以成就或虚饰换来的声望，而"脸"则是社会对个人德行的推崇①。做了丢脸的事，不但会受到社会制裁，还会受自己良心的谴责。何友晖认为胡先缙的区分值得商榷②。一方面，"面子"一词并非完全不含道德意味；另一方面，在不同的语言背景中，"脸"和"面子"的意义也随之变化。在某些语言环境中，"脸"和"面子"甚至可以互相转换。因此，胡先缙的区分，未必完全符合汉语语法。不过，胡先缙的区分法仍可作为基准，将判断面子的标准分为两类，第一类以道德、伦理作为标准，第二类则基于非道德性的社交准则。

在日常生活中，判断有无面子并不困难。对于很多人来说，这是一项必备的社会技能。人们通常认为，社会地位高者自然有面子，地位卑微者没有面子。面子可得可失，与社会地位如影随形，失去面子便觉得也撼动了社会地位。有无面子还要视你与什么人交往，诸如，黑帮头子在黑道上有面子，但在正常的社会环境下，执法者跟大众不会认为他有面子；军官在部属间有面子，但在知识分子当中，面子却不会太大；同样的，做学问的人在同侪间享有面子，但在商界他们的面子可能就大不起来了。

简言之，个人的面子没有定量，它会因应不同的社交场合而相应增减。因此，在谈个人的面子得失时，不得不指明是谁给或不给他面子。只有广泛得到认同的民族英雄、对人类知识贡献良多的学者或饮誉世界的伟人等，才可能令全国人都给他面子。但大多数人，都会遇到别人不给面子的时候。最后，还请读者不要忘记，面子是别人给你的，从你如何立身处世而来，不是你说要有就有的。

面子是普遍存在的

当我们谈论面子时，通常首先想到这是中国文化特有的成分。那么，面子行为真的是中国人所特有的吗？我们认为面子行为当然是具有普遍性的，只是在不同的文化中，判断面子的准则存有异同。

例如，"与他人攀比""胜人一筹"并不仅仅存在于中国。在 19 世纪的美国西部，挑战对方和枪法决斗，都是带有极度攻击性的争面子行为，以表现"我就

① Hu H C. 1944. The Chinese concept of "face." American Anthropologist, 46: 45-64.

② 何友晖. 2006. 论面子. 中国社会心理学评论（第二辑）：18-33.

是比你强"的自我定位及社会认同。在欧洲封建社会中，精英群体必须遵守相应的荣誉规则，并构成了一种墨守成规的面子制度。为此，欧洲贵族不得不接受决斗的挑战，以避免遭到怯懦的指责。有时候迎战者甚至在事先清楚知道自己与对方能力悬殊、很难保存性命的情况下，还是要硬着头皮上战。时至今日，如此好面子的惯例仍存在着，特别是男士们，有时候还会继续进行无谓无意义的面子比赛，乃至付出了巨大的代价，甚至丢掉性命，殃及家庭。

西方人的心理虽然普遍被认为是浸淫于个人主义的价值中，但同样不能随意地抛开面子功夫自居。面子从来就不是纯个人的事情，而是与人们在社会网络中的交往相关（参看 p57《关系网中的"我"：中国社会心理学》）。把一个人的面子说成是寓居于个体内部的东西是毫无道理的，只有把个人的面子看成是与其他人相关的东西才有意义。因此，在社会交往中，处理面子的问题经常超出个体自身的责任范围。也就是说，面子不仅取决于个体间单向的行为，而且取决于以下两方面：①个体如何对待他人及与其密切相关者；②其他人如何对待个体及与其密切相关者。这种相互性是理解面子行为的关键，因此，给他人面子的重要性，绝不亚于保护自己的面子。

面子的得失

当然，无论是失去面子还是获得面子，都是指一个人的面子发生了变化。这些变化的性质及程度，可以从个体根据自身的期待作衡量，更重要的是从其他人的角度去判断个体的面子该有多少。感觉所得到的比预期高是获得，比预期低则是失去。面子的得失与个体的期望水平存在一定的相关度；当预期与真正获得的面子相差过大时，会引起人际交往的紧张，甚至相互间发生摩擦。比如，一名教师认为自己应该得到学生的尊重，而学生却因各种原因，表现出远低于教师所期望的尊重，没有给足面子，这种落差使教师陷入失望之中，更可能会进一步影响师生之间的关系。

关于面子，在文献中大多数作者大多把失去和获得面子看作两个相反的结果，而未能注意到得、失这两者的基本差异。我们认为，一个人没有必要争取更多面子、提高体面，但却有必要避免失去面子，因为接踵而来的身份、地位下降及其他负面效果，在一定程度上可以产生社会交际困难的情况，使人难以立足于社会。

严格地说，获得面子的反面是一个面子衰减的过程，并不等同于所谓面子的丢失。面子衰减，并不必然意味着丢脸。常见的例子是，某人由于其难以控制的情境而导致地位下降，使其面子有所衰减，但他不必由此感到不光彩，觉得面子丢了。再如，一个遭到厄运而倾家荡产的人，对面子不能再有过多的要求，但在这个过程中他并没有丢脸的必然性。

那么，个人在什么情况下会丢面子呢？当个人行为表现低于可被接受的最低水平，或无法满足社会对他的某种关键或基本的要求时，面子就有可能失去。因此，要研究失去面子的条件，就必须弄清什么是最低水平和基本要求。个人必须首先履行责任，满足社会对他的基本要求，达到起码的水平，并使他的行为被社会接受。在这方面，其实他别无选择，因为如果做不到，就将会面临失去面子，甚至无法在社会中正常交际的困境。

当然，在做不到的情况下也不一定会马上失去面子。因为面子的衰减常常处于潜隐的状态，其社会交往表面上正常，个体似乎仍然拥有相应的面子，直到某一事件的出现，使得面子无法经受考验，终于使他再也无法保全自身的面子。我们可用一项物理现象作为类比来说明这种情况：不断地增加船的重量将降低船在海中的吃水线，但船仍可以在一定程度上航行，直到超载量达到临界点，或者碰上突发的暴风雨超出其承受力时，船才会沉没。丢失面子的正确涵义，仅指公众可以看到的在某一事件中的丧失状态，用汉语表达就是"丢面子"或"丢脸"。

我们还想说明，丢了面子之后人们该怎么办？或许，人们可以通过纠正不当的行为、补偿他人、弥补自身缺陷等方法，使已经失去的面子得以有机会重新获得。不过，重获面子并不等同于增加面子——对个体而言，这不过是恢复本来拥有的面子。既然如此，倒不如预先做好相应的维护工作，负起应尽的责任，减少或避免出现不当行为，满足可被社会接受的基础要求，以免在失去面子导致社会关系紧张时，才去费心思寻回。

总之，失去和获得面子有本质上的差异。面子必须维护，失去的面子可以挽回或重新获得。一个人意欲增强他的身份和社会地位，可以"造"面子，铺张一番，问题是，这游戏不是那么容易玩的。

面子与社会交往

社会交往中有许多与面子相关的游戏规则需要注重。诸如前文所说的，面子是别人给予的，争取不当反而会丢面子。实例可如一个人在庆祝仪式时过分铺张浪费，超过了符合其社会地位的标准，那么他就会遭受一定程度的负面评价，被认为是爱面子和虚荣心重，而使得名誉受损。现实生活中还有诸多类似的面子游戏，具有各种各样、形形色色的规则。在东方社会中人们常常认为，一个人如果能吃透这一系列的面子规则，将会有利于他在社会中左右逢源。

失去面子对人的打击可大可小。而在社会交往中，中国人会注重顾及其他人的面子，如无必要就不会"撕破脸"。即使面对一些盛气凌人的同事或上级，人们还是会尝试给对方留面子，或至少在公共场合中给对方留有台阶下。又比如说，当你过于生硬地拒绝别人的请求时，对方会认为你不给他面子，甚至认为你瞧不起他。那么，当你在过后需要和他合作或需要他的帮助时，他就可能会反过来也不给你面子。通过以上列举的事例，我们可以看得出留面子在社会交往中所占据的重要性。

值得注意的是，我们不仅要为身边人留面子，也需要顾及到对手的面子。除了出于为对方考虑的因素外，同时也是为了达到保护自己的目的。过往种种经验告诉我们，当一个人的面子已经完全丢失时，他会将自己隔绝于社会的交际范畴，也会变得越来越难以相处。因为，此时面子对他来说已无关紧要，对自己的生活没有什么作用。继而，社会交往中的各种限制对他来说已经不复存在，他将会毫无顾忌而为所欲为，行为方式远离社会基本要求。

中国人有句老话，"赶狗入穷巷，不死也伤"，恰恰形象地简言了这个道理。将人逼迫到绝境，会使他变得非常可怕！因此，为别人保留一点面子，保有一丝尊严，不仅可避免双方日后发生莫名冲突或是无法相处，甚至达到你死我活的地步，也可令自己能够与他人保持良性的社会交际。

面子游戏可说是糅合了中国各种传统，游戏规则亦非常复杂，非三言两语可以说清，但其中有两点是最为关键的。第一，行事符合自己的面子水平即可。这样做有两个好处：首先，上级或同辈不会批判你不知天高地厚；其次，下级不会不尊重你，面对你时也会顾及你的面子。第二，多顾及别人的面子。凡事留一线，既是相互忍让，也是相互尊重。俗语常言"人敬我一尺，我敬人一丈"，即是古来面子游戏的经典，保全对方面子的同时，也稳固了自己的面子。

给对方面子：东方人化解冲突的智慧

笔者观察到，在美国社会中，亚裔会回避法律纠纷，但欧美裔公民会动不动采取法律来捍卫自己的权利。法律纠纷容易将双方拖入对抗性漩涡之中。这样一来，即使最后获得诉讼胜利，事情是否就能得到圆满解决呢？尽可能运用东方人的智慧——给对方面子，更巧妙地避免冲突，可以远离麻烦。

亚洲人在为人处世时会顾及其他人的面子，这不简单的等同于待人友善或为朋友着想。给别人面子，其目的是避免直接冲突或矛盾公开，这实质上来源于注重人际关系和谐的儒家思想。因此，在与人交往的过程中，"给面子"并非一定是为了讨好对方，也可能是为了避免伤害双方的感情和关系，它是儒家社会中必修的社交技巧。正所谓"矮子面前不说短话"，说的也是这个道理。"给面子"不但能回避冲突，在谈判中也有妙用。比如，当强势方与弱势方谈判时，采取不公开的方式谈判，将有利于顾全弱势方的面子。

虽然人们可以通过"给面子"的方式回避冲突，但这并非没有消极影响，也不是真正的和谐。问题若长期得不到解决，有可能会使矛盾升级，一旦矛盾不受控制地爆发出来，将更难以处理。

结　语

面子问题与博大精深的中国文化有着密不可分的联系，我们很难在此全面地分析透彻。此文简单地从心理学角度理解、介绍面子，为读者剖析并直面面子的普及性，探讨它如何潜移默化地影响着我们的行为和生活。时至今日，在中国社会里，面子问题并非小事。面子不仅可以得，也可以失，还可以留，更可以护，并且体现出了独特的互惠性。懂得拿捏面子和人情的人际互动，才能够帮助您在社会交往中游刃有余。

林语堂曾将面子、命运和人情比作"统治中国的三女神"，并说"其永不变性，超乎罗马天主教教条，其权威超乎美国的联邦宪法[①]。"统治""永不变性"和"权威"这些词语可圈可点，为的是提醒国人必须对面子问题再作思考。如果面子比宪法更权威，中国人何以守法、社会何以法制呢？当然，就算是宪法，仍非一成不变，而是会随着时代变迁而作相应改变。而对面子过分关注、盲目争取体面则会带来负面结果，造成不必要的浪费。

另一方面，过分关注留面子给别人，则会令人使用"兜圈子"的方式交际，无法实现直接和坦诚的交流；买面子亦会助长拉关系、阿谀奉承等不良风气。再者，无论是要面子还是买面子，都可能会因此违背节俭和廉政的原则。如果面子问题处理得不好，必将妨碍社会经济的良性持续性发展和现代化。所以，我们邀请读者与我们一起，采取负责而严谨的态度对待面子问题，努力做到"取其精华，去其糟粕"。

---

① Lin Y T. 1935. My country and my people. New York: Reynal & Hitchcock.

镜像里的你和我：族群间的定型与偏见

人与人之间差别越大越容易形成偏见吗？其实不一定。我们在看待别人的时候就像对着镜子在看自己。似乎人与人之间的相似点越多，越容易形成偏见：我有你的镜像，你也有我的镜像，彼此知根知底，使得相互间不由自主地反复把负面的想法投射到对方身上。族群之间的关系，也像镜像里的彼此，双方也容易看到对方的不足之处，却不觉对方的问题原来是自身问题的投射。人们对其他族群的想法受到了这些负面冥顽观感的影响。

社会学家和心理学家对此曾有这样的一番辩论：社会学家从宏观视觉出发，认为我们应该诉诸外进行社会改革，从而减少族群间的偏见；而心理学家的微观视觉则反求于内，认为我们应该在观念上进行自我检讨，意识到被镜像所蒙蔽的现实。以下便是基于两种论断模拟的对话。

心理学家：诗人艾略特说得好，"人类不能面对太多现实"。人类不仅懂得探寻真理，更懂得如何自欺欺人（参看 p125《高级认知：人类独有的智能》）。在族群问题上，刻板印象与偏见就是一种自欺欺人的心态，人们对另一个群体持有先入为主的看法，不可不谓是一种欺人；不承认自己存有成见，不可不谓是一种自欺。自欺欺人导致族群之间的矛盾愈加激化。

亚洲国家在族群问题上，就存在自欺欺人的倾向。许多人认为，族群之间的偏见仅是西方国家特有的社会问题，较少人会意识到，在亚洲族群矛盾也极其尖锐。

社会学家：一般国际调查显示，在中、日、韩三国中每一国的国民，对其他两国的观感都是非常负面的，这显然不利于睦邻关系的建立。在先前的一项调查中，中、韩两国国人相互的观感有较正面的趋向，近期关系则又趋于紧张；日本人则仍是"嫌韩嫌中"——反映到近年来中、日两国之间的紧张关系。

心理学家：这也是"镜像里的彼此"在集体上的显示吧。

社会学家：亚洲国家的族群矛盾是有深远的历史渊源的。以中国为例，中国历史上长期宣扬"事在四方，要在中央；圣人执要，四方来效"的思想，把许多少数部落统称为"四夷"，"华夷之辨"被奉为圭臬，周边族群的音译汉字多寓贬义，如"身毒"（印度）、"匈奴"（中亚诸国，古称"鬼方""猃狁"）、"狗奴"（日本岛小国）、"狗邪"（朝鲜半岛小国）等。

这种思想在战争年代更容易激发深刻的仇恨。在宋、金对抗时期，岳飞在《满江红》中曾写下"壮志饥餐胡虏肉，笑谈渴饮匈奴血"这一家喻户晓的词句。但在今天中华各民族和谐相处的时候，"壮志饥餐胡虏肉，笑谈渴饮匈奴血"此言一出，无疑会伤害少数民族同胞的情感。

另外，人们即使从属于同一个族群，不同的思想仍是存在的。例如，并不是所有日本人都赞同日本军国主义。但在社会中，的确有人会将日本民族等同于军国主义。这种狭隘的民族主义思想，绝不利于实现中国人心中大同世界的理想。

心理学家：偏见是狭隘民族主义的基础。我们要注意，族群的刻板印象和偏见是不同的概念。族群之间的刻板印象，是指一个族群的成员对其他族群普遍持有的意见、看法；而偏见则关乎族群间存在的片面甚至充满敌意的态度。刻板印象并不都是偏见，它属于一种文化烙印，是一个族群被其他族群认为所拥有的特征。

社会学家：我对此有些补充，可能不会被大众认同。社会心理学给大众的印象似乎都假定了刻板印象是坏的。事实上，刻板印象在所难免，毕竟人总会给其他人留下印象。例如，19世纪的中国人被称作"东亚病夫"，这一印象是依据特定时期和地域的事实而形成的。刻板印象是动态的，可随事实的变化而改变。比如，现今中国运动员在各大国际赛事中所赢得的诸多奖牌就足以把"东亚病夫"的污名除去。

我认为，刻板印象本身并不一定会产生偏见和族群间的恶劣关系。族群矛盾是由不平等的政治、军事力量和经济条件等其他因素所共同造成的。不平等意味着资源的分配有优劣之分。即使政策上做到平等，现实生活中人们各自所扮演的社会角色、地位仍然存在差异，这些差异则会加剧个体对某个族群的特定看法（参见 p41《奴隶制度和殖民主义：暴力与压迫的时代过去了吗？》）。

美国的许多法律和政策都力求做到族群间平等。然而，美国社会的现实状态是黑人在职业上偏向于从事一般体力劳动工作，领取低廉的薪水，社会地位也较低。相较于大部分的中产阶级白人，他们很难认为自己是被平等对待的。相同的问题也出现在中国大陆，尽管政府不断推出优待政策扶持少数民族地区，如经济上减税、政治上自治、教育上高考加分等，但由于偏隅一方的局面和较少地享受到经济发展带来的实惠，仍旧有部分少数民族同胞们不认为自己被平等对待。

心理学家：美国也有穷困的白人，中国也有拮据的汉族人。为什么少数民族会认为自己没有被平等对待呢？这涉及心理学而非单纯是经济学或政治学的问题。

社会学家：社会的文化信念可以内化到个人身上，成为个体的信念。长期以来，主导族群在社会中拥有绝对的话语权，许多政策都由他们来制定。这当然也包括了对待少数族裔的"优惠"政策。这反而可能加深少数族裔的不平等感觉，使他们产生这样的内化信念——"嘿，我们因为少数才受到恩惠！我们是弱者！"

心理学家：是的，有研究显示，长期处于弱势的族群，往往存有自我否定的倾向，这是内化了强势族群对他们定型的结果。

我觉得跨族群认同是弥合族群矛盾的关键。例如，我们强调"中华民族"的观念，而非汉、蒙、满、藏、壮等不同的民族观念，这样更加有利于凝聚各个族群。当然，消除地区之间经济和政治的差异固然是重要的手段，但它仅是族群间相互融合的基础和前提。达到心理上的平等一致，才是我们的最终目标。即使经济收入和社会地位相差无几，如果人们内心的认同感依然迥异，族群矛盾仍难以得到真正的化解（参看 p63《社会定位：中国人的自我认同、身份与正名》）。

社会改革必须假以时日才可见成效，而且它并非个人力量所能控制的。反省，则是所有怀抱美好信念、愿意作自我检讨的人力所能及的。反省对其他族群的感观，有助于我们体会自己在族群问题上自欺欺人的程度，使我们迈出弥合族群矛盾的第一步。

社会学家：我还认为，要培养整体的族群认同，至少应该确保以下三个条件：①族群平等；②各方的利益和安全没有受到他方的威胁；③有充足的沟通途径。多年来，美国鼓励多元文化主义（multiculturalism），强调作为美国公民都享有平等权利，它将"美国梦"灌注到每一个公民身上，以促使不同语言、文化和肤色的族群融合在一起。但是，日益严重的贫富差距，使美梦难成。只反思，而不去充分注意社会和政治的现实，仍难以逃出自欺欺人的陷阱。同样，在贫富悬殊比美国尤甚的情况下，"中国梦"离真正全面的实现仍有一定距离。

心理学家：听过你的观点后，我经过自我反思后必须承认，心理学的微观视觉和社会学的宏观视觉各有其价值。将两者相辅相成，才会使我们的讨论更具价值。

结　语

大到民族小到个人，都会或多或少地存在刻板印象，它随着社会信息的交流而逐渐变得根深蒂固。有时候它是负面的，会造成偏见与歧视的产生；但有时候它也有利于个体迅速地组织、存储和使用信息。它并非无法消减，当我们意识到自己对某个群体或个人持有刻板印象时，先不要着急下定论而存有偏见，不妨与该群体或个人多有接触，了解一些情况再来判断，没准儿你会有意想不到的收获呢。

07

政治心理学：心理学与政治行为有何相关？

心理学对社会有什么贡献？近年来，不少学者将心理学的一些观点和技术与经济、消费、环境、建筑、文化、政治等其他学科结合交融，衍生出纷繁林立的各种心理学分支，把心理学的触角伸展到社会生活的各个方面。作为一门基本学科，心理学在社会应用领域能够如此拓展固然值得庆幸。然而，这门"显学"到底是否名副其实呢？

在此，我们向读者展现一次心理学家和政治学家之间的对话，借此可以对大家的疑惑有所解答。他们争论的核心正是心理学在政治领域中的应用是否可行。

心理学家：近几十年来，越来越多的心理学家开始关注政治行为中的心理现象。自从 1978 年国际政治心理学协会成立，政治心理学已经成为一门独特的学科，并发挥着重要影响。想想心理学知识对政治领域研究的贡献，我觉得这一学科形成得太晚了。

政治学家：是吗？问题的核心并不在于这个学科形成得早还是晚，而在于是否有形成的必要吧。心理学的哪些方面能够真的为政治领域所用？有时我觉得，心理学与政治根本就没有关系。

心理学家：啊，好奇怪！你这样的看法或许反映了传统政治学家对心理学有所保留甚至要拒之门外的观点，这可不是心理学家愿意接受的，也是其他学者所不认同的。

心理学主义与社会学主义

政治学家：我不赞同心理学和政治学那种牵强、不自然的结合。在我看来，心理学是一门独立的客观学科，它研究的是人类普遍的行为和心理过程。经世致用，并不是心理学的初衷。从整体上看，心理学家对政治议题涉猎有限，他们注重的是以个体为对象的研究。

个体层面上的分析，又怎能适用于宏观的社会现象呢？群体、组织乃至国家之间的复杂关系，又怎么能够降维到个体层面上的分析呢？对于政治这种宏观社会现象，不同层面的分析都应该有所涉及。但原则上，对于群体、组织乃至国家层面的分析，不应因引入个人层面的分析而有所减少。进一步而言，个人层面的分析也不应该脱离其具体的宏观社会背景。所谓的政治心理学，常常混淆这些不同层面上的分析，并不能够回答现实的问题。

社会学家涂尔干[①]就曾说过，"每当人们直接使用心理学来解释社会现象时，我们可以肯定这解释是错误的"。因此，标榜政治心理学的应用、从个体层面用心理学知识来阐析政治现象，是值得商榷的。

心理学家：的确，心理学和政治学的联姻可能仍然不很成熟，但两者相互吸引及契合的过程却是甜蜜的。针对你方才所说的，我至少有两点可以反驳。首先，心理学并非完全局限在个体层面的研究。你看社会心理学家，不也一样研究个体在群体中的行为和心理过程吗？这是个体层面和社会层面研究相整合很好的例子。尽管社会心理学家可能还是注重个体层面的内容，但是他们将之放于一定的社会情境中，讨论个体在社会情境中如何表现，因此，他们分析的并不完全是个体，也包括个体之间的关联。

不过，我承认很多心理学家对政治其实是一知半解的，这无疑是他们的硬伤。但是，没有人一生来就什么都会，学习和钻研仍然可以让他们在补足这方面短缺后，发展成为出色的政治心理学家。另外，我们要防止只强调个体的心理学主义的不足，难道就不应警惕只关注宏观现象的社会学主义的弊端吗？如若社会学主义对什么事物都用宏观作解释，那么，作为主体的"人"去了哪里呢？缺乏对社会构成最根本的个体之分析，都是生硬而没有活力的。哲学家波普尔[②]曾经说过，"一切的社会现象，特别各种社会组织的

---

① Durkheim E. 1938. The rules of sociological method. Chicago：University of Chicago Press.

② Popper K. R. (1966). The open society and its enemies: Vol 2. The high tide of prophecy: Hegel, Marx, and the aftermath (5th ed.). London, Routledge.

功能，都应该看做是个体的决策、行动、态度所引起的。"

政治学家：好吧，我们之前的讨论有点抽象了。现在，让我们来考虑一些具体的问题。例如第一次世界大战的爆发，我们可以认为那是因为欧洲的紧张形势所凝聚的结果，并且有一连串的事件作为导火索而最终引发的混战，这种过程并非个人所能够促动或者阻止的。

不少学者试图使用精神分析的方法，来解释第二次世界大战中的法西斯高层，包括希特勒的罪行。而战后，一些心理学家则用权威人格这个心理学概念，来解释德国整个民族在二次战中的劣行。然而，这样做无疑都犯了心理学主义的错误，企图把原因归咎到个人，而忽视了重要的历史和社会因素。各种事件中的人物，往往是这种历史和社会推力下的产物，它们独立于个人的意志而存在。没有希特勒，可能还是会出现"×特勒"。就像人类现在所处的危机一样：我们的和平控制在相互的核威慑之下。一旦核按钮被按下，谁能够阻止第三次世界大战的爆发？因此，个体作为政治事件中的行动者，无论他的人格、智力如何，都深深受到时局的影响。心理层面的研究结果和理论很有趣，但是于政治而言，可以说没有太大的关系。

心理学家：是的，人们常说时势造英雄。但请不要忘记，历史仍是由一个个活生生的个体所共同创造的。在希腊的悲剧当中，即使我们能够预先知道故事的结果，但是那些伟大的悲剧英雄的个人魅力仍然令人折服。你刚才提到了人类的和平处于危机中，我们也要知道，那些把握我们命运的人正是不同国家的领导人。他们的决策在很大程度上受限于自身的个性和智力，战争还是和平，或许就在他们的一念之间。你不认为这也是心理学家所应该致力研究的内容之一吗？

政治学家：你说的对，这的确也是心理学所应当探讨的话题。

心理学家：那么，现在你认为政治行为，包括具体到能够毁灭世界和平的极端行为，是否为人类行为的一部分呢？

政治学家：……对于这点，我只能够赞同了。

心理学家：这样的话，你又怎能否认心理学在政治行为研究中的合理性呢？当然，心理学必然不可能取代政治学。但是，两者之间确实存在很多合作空间。或许我们作为学者，不应有过于强烈的学科领地意识吧。

微观与宏观的分析及应用

政治学家：好吧，这样看来，心理学和政治学在微观层面确实可以产生关联，包括个体的行动及个体之间的关系。然而，许多重大的政治事件都发生在宏观层面，例如国家的决策及群体和组织的行动。心理维度的分析是否能够与这些宏观层面产生关联，我相信仍会受到质疑。

心理学家：我更宁愿从时间的维度来思考这个问题。重大的政治事件大多发生在较短的时间范围之内。冲突的发生，战争的爆发，乃至某个政府的突然倒台，可能都是不可预知的突然发生，从而导致严重的政治后果。个体层面的心理因素可能与这些事件的发生并无太多直接的关系。但是，科学并不接受"意外"一说。所有事件的发生，背后都有深层原因。对事件背景的心理分析能够让人了解事件发生的原因，与导致事件发生的近因相比，这些原因相对持久而恒定。某个政府可能一夜倒台，但是民众对待权威的观点和态度却可能保持不变，心理学家称这些为政治文化中的核心成分。因此，心理学家对于政治文化如何影响国家的稳定应有更多的发言权。

政治学家：谈到应用的问题，心理学的一些成就，尤其对发展中国家来说，并没有什么可以值得骄傲的。没错，心理学家们有一套成熟的技术和手段帮助人们达到心智的安康。但是，这些服务收费昂贵，耗时费力，大多数时候只有生活优越的人们才能够负担得起。那么，许多人疲于解决温饱的问题，该如何去使用这些服务呢？进一步说，这些微观层面的做法是很难对宏观事物产生作用的。对于一些复杂的社会问题，例如犯罪、贫穷、社会正义、人口过多、环境保护乃至战争，心理学家们的各种"疗法"都只能捉襟见肘吧。

心理学家：正因为如此，我们才应该重新界定心理学的应用范畴。我们应该明确何种问题可采用心理方式（包括心理治疗）来处理，何种问题需要介入宏观的途径去解决。

政治学家：我们也应该注意那种泛心理学主义（panpsychologism）的倾向，它们并不能够解决社会、政治、经济体系下形成的复杂问题。心理咨询师总是和人们说要"自我实现"，做自己生命的主人。但是，如果一个人因为特定的社会环境而根本没有机会发掘自己的潜能，何谈实现自己的理想和志愿呢？请注意，有些特定的社会环境并非人们自己所愿意选择的。例如在希特勒的恐怖统治下，作为一个犹太人，如何在那种条件下达到自我实现？面对处于相似状况下的受害者，心理学家何能为力？

生活质量在很大程度上都取决于社会、政治、经济因素，而非一些单纯的个体内在因素。那些从事精神健康职业的人，通常手上握有判断某人是否是精神病的大权，精神病患者被看作不能达到社会要求的群体。并且，我认为在丑恶的社会现实中，所谓心理健康本身就可以看做是一种"精神鸦片"，麻痹那些处于弱势的人们，以此躲避面对现实。

心理学家：你说得很对，心理学家也有他们自己无能为力的地方。承接你刚才的话题，我想用心理学中的控制点理论来解释你的例子。人们在解释自己的行为时，往往将其归为事情可以控制的（内控）或者自己无法控制的（外控）。一些心理学家的研究发现，外控的个体一般适应能力较低。那些把成败都归咎到不可控外部因素的人常说，"啊，努力有什么用，我都改变不了什么。"这并不利于他们在困难的条件下生存。而在纳粹集中营里面也有人坚信自己能够熬过去，并在重获自由时成功地谱写出人生新篇章。

另一方面，如果在社会中激励和惩罚都是通过公正公平的方式及时进行，那么外控的人很可能提高适应能力，因为他们需要根据社会的各方面反馈即时更改、调整自己的行为。因此，社会政治经济因素想要对个人产生作用，可能还是离不开个人控制点的特征。社会政治经济等外在因素与人格等内在因素，并不是独立对个体产生作用和影响的。

政治学家：你还能列举出心理学对政治领域的其他贡献吗？

心理学家：当然可以了！例如，政治思想中人类的本性探讨、人格特点与政治行为、政治领导者的个案分析、权威主义、民众态度的测量、政治态度的形成和改变、攻击行为与犯罪、暴民行为和恐怖主义、政治协商、领导力的提升、政治决策的过程、政治参与和投票、群体偏见和国际政治，以及政治现实对个体心理健康的影响等，这些都是跨学科的产物。有一些话题已经被逐步发展，但仍有一些还需待进一步探究。为此，我们也希望培养更多心理学人才进入政治领域，对社会和国家的福祉有所贡献。

结　语

综上我们可以发现，心理学应用于某个特定领域（例如政治）还是具有一定发展潜力的。然而，对于任何领域的应用，我们都需警惕心理学个体层面和微观层次的学科研究特点。假使心理学家能多注意经济、政治、文化等宏观因素，那么心理学就能行之有效地与其更紧密的结合，继而做出更大的贡献。

奴隶制度和殖民主义：暴力与压迫的时代过去了吗?

政治、军事和经济的不平等导致了族群之间的傲慢与偏见。十九世纪到二十世纪中叶的殖民主义，体现了欧美与"落后"国家之间的极端不平等。历史上形成已久的奴隶制度来自于人类对权力和控制的欲望，也是殖民主义的前身。心理学家往往只关注微观现象，而忽视了宏观现象。但在这里我们将从心理学的角度，去进一步了解与探讨隐藏在奴隶化和殖民主义的心理因素。

奴隶化的过程

在奴隶制度中，主仆之间实际上是一种相互依存的关系，双方在这种共存关系中拥有各自明确的角色定位，忠诚的仆人无需铁链的束缚依然听命于主人，这种维系奴隶心理的无形枷锁值得我们注意。我们假定，没有人生来就愿意做奴隶，但是，为什么却有很多人在变成奴隶之后，竟"愿意"接受这种身份角色？为什么这种关系会得到延续，历经多代也无太大改变？

奴隶制度的出现起源于战争。战争结束后，战胜者变为奴隶主，战败者沦为奴隶，战败者必须无条件地服从，否则将丧失性命。继而，有了囚禁、强暴、阉割等一系列残暴行为的发生，这些令人发指的身体和心理上的侮辱，最终使得奴隶们在精神层面上被摧残、瓦解、完全征服。因为反抗只会招致更猛烈的暴力，所以他们自然而然地顺从征服者强加于他们的生存法则。无论在哪里，奴隶制的出现总是如此残暴，惨无人道。可以说，奴隶制就是建立在人吃人的社会关系基础上的产物。

历史上从来不乏这类骇人听闻的故事：传说埃及人当众鸡奸以凌辱被征服

者；罗马军队屠洗迦太基城，约五十万幸存者被卖为奴；蒙古王帖木儿用被征服者的头颅来堆砌金字塔，作为震慑敌人的心理战术……诸如此类极端残酷的行径，其目的在于彻底毁灭被征服者的尊严和反抗意志。的确，施虐狂倾向是人性的一部分，而且是人类独有的一面；其他动物可以弱肉强吃，但没有施虐狂（参看 p125《高级认知：人类独有的智能》）。

随着胜利者逐渐掌控局势，他们对被征服者的躯体束缚渐渐放松，取而代之的是森严的体制束缚。整个社会的暴力机器，如军队、监狱等机构，维护着不合理但又合法的奴隶制度。大部分奴隶选择沉默屈从，即使有被征服者发起反抗，也很快会被暴力打压下去。

至此，奴隶主与奴隶身份的分隔已绝对化并固定下来。主仆之间森严的等级规范无处不在，反复强调主人的优越和奴隶的低劣。并通过各种符号、图腾和仪式，不断强化这种优劣分明的意识，最终导致奴隶从精神上彻底被打败和奴化，接受生而为奴的命运，这是一个把来自外界的态度、思想和价值观内化入自身的过程。

主仆之间的互动过程进一步巩固了奴隶制。在这种关系中，奴隶依赖主人提供食物、居所而安定地生存着；而主人从奴隶的服从中获得生活的便利和享受，甚至形成一种依赖。尽管这种关系不平等，双方还是在某种程度上实现了"互惠"依存，这推动了主仆关系走向合法化。

卢梭[①]在他的著名的《社会契约论》中开篇便谈到，单靠暴力不能巩固权力，唯有使之合法化、制度化，权力才能稳固地传递下去。奴隶制通过强化主仆之间的相互依存关系，使得这种权力分配结构被各方认为是合理、当然和唯一的。身体束缚变成心理束缚后，奴隶心甘情愿做仆人，将自己的自由权力转让给主人，以换取性命和生存。至此，奴隶制已经稳固地埋入人们的骨髓中，这便是奴性的开端，奴隶制度在意识形态层面上得到合法化，奴隶制得到进一步巩固。一旦"自生而劣"的观念根深蒂固后，奴隶就很难有改变身份的机会，并且世代都要"俯首称奴"。

可是，哪里有压迫，哪里就有反抗。奴隶制度无法维持安定，它就像定时炸弹一样，不时给社会带来动荡。事实上，奴隶反抗奴隶主的事件在历史上层出不穷。

殖民主义和种族问题

十九世纪时，殖民主义将白种人与其他种族的人区别开来，让白种人长时间

---

① Rousseau J-J. 1968. The Social Contract. London：Penguin Classics

以"天之骄子"的身份出现在亚洲、拉丁美洲和非洲的绝大多数国家,造成了种族歧视等问题。但相较于奴隶制而言,殖民制可以说是"充满人性"的。殖民者赋予殖民地人民一定的自由,并且在更大程度上保障他们的安全。然而,在意识形态和组织形式上,殖民主义和奴隶制度一脉相承,其存在也是通过暴力夺取和合法化巩固来实现的。在殖民主义下,国已不国,自我归属感和自我认同充满混沌和困惑;人们辛苦劳作却难得到相对等的报酬;"寄人篱下",在自己的家园里却只能作"二等公民"。殖民者的奴役给当地人民带来了集体心理创伤,同时也形成了双方关系的紧张。

关系紧张也意味着对立的状态:一方面外来者在殖民地生根成长,成为当地社会、经济、政治的重要力量;另一方面本地居民遭受长期打压、隔绝和忽视,心中积压了怨恨和矛盾。双方的种族差异更以种族对立的形式突显,反殖民的抗争,在很多情况下都和反种族主义运动一同进行。例如,南非国内反对种族隔离政策的抗争,亦为反殖民主义的主要力量。这直接说明,殖民主义所滋生的种族矛盾,最后会给殖民地带来社会不稳定、种族冲突等严重问题。

在这个过程中,种族矛盾和殖民主义所产生的刻板印象效应(stereoting),进一步加剧国家内部或者国家之间的紧张。军事对抗在这时候容易浮出台面,成为被压迫民族的斗争方式。像圣雄甘地那样奉行"非暴力不合作"而成功的只是极少数,大多情况是殖民地人民通过浴血奋战才换来平等和自由。

结　语

种族歧视可能并不是造成奴隶制或殖民主义兴起的原因。然而,统治者通过宣扬种族主义,则为奴隶制度或殖民主义铺垫了合法化的根基。

"人吃人"的时代过去了吗?奴隶制和殖民主义大多是历史因素造成的。十九世纪以来,随着人道主义的兴起,奴隶制和殖民主义很难再有存在的基础。同时,追求和平、避免使用战争作为处理矛盾的手段逐渐成为大势所趋,成为人类的共识。但是,奴隶制和殖民主义的遗毒仍然继续存在着,通过诸如种族主义、歧视、剥削等方式,在社会中浮现出来。那么,我们还不能说"人吃人"的时代已经过去了。

Part 2

东西方文化的对话与比较

控制与释放：礼节、真诚与修养

吾爱孔夫子，吾尤爱思想解放。

——何友晖

　　自我实现是儒家和心理学所追求的共同目标。然而，儒家强调自我的控制，而心理学则更注重自我释放。当儒家和心理学的思想相互碰撞时，将擦出怎样的火花呢？下面是一位儒学家和一位心理分析家关于礼节、真诚和自我修养的对话。通过这段对话我们可以进一步体会到，东方智慧和西方重视思想解放的意识异同，以及它们是如何相互交融、彼此借鉴的。

　　儒家学者：儒学里的君子修身成仁之道，是自我实现的重要途径，对人文发展别具创见，并饶有心理意义。它是一个发展性的概念，对个人心理健康有重要的影响。孔子说，"克己复礼为仁"。《中庸》说，"君子诚之为贵"。可见，守礼诚意实为君子修身的必要功夫。荀子倡导"隆礼重法"，将儒学的修养和法家的重法相结合，维系了"礼崩乐坏"后社会的稳定。

　　《大学》云："物格而后知至，知至而后意诚，意诚而后心正，心正而后身修，身修而后家齐，家齐而后国治，国治而后天下平。"可见，个人的修身养性有利于社会的繁荣和安定。

　　心理分析家：不，我觉得孔夫子搞错了，应该是"物格则知至，则国治而天下平，则家齐而身修，则心正而意诚"。个体从了解社会发展的规律开始，然后理解治理国家之道，以及家庭关系如何影响个人的心理发展，这样是比较科学的，也符合辩证唯物论。正如马克思所讲的"社会存在决定意识"。

"克己"是情欲的约束，"礼"则是社会控制。社会上的礼法制度与纪律纲维，目的在于维系社会阶级的稳固。《中庸》说，"践其位，行其礼"。这句话正好揭示了礼节的社会功能。"克己复礼"侧重制御情欲，要求人做到"非礼勿听，非礼勿视，非礼勿言，非礼勿动"。幸而孔子没有明说"非礼勿思"，不然的话，我们会活得很惨。倘若思想控制达致极端，连想一想都有罪，那简直是令人不寒而栗。

礼教的巨影不可逾越，情感难以自然流露，欲望受到压制，个性的发展难免无疾而终（参看 p88《走入禁区：性欲与性爱》）。个人要无拘束地表达情感极为困难，恐怕只能在梦中做到。儒学着重以道德标准为绳墨而不顾个人的心理需求，令人拘于伦理而盲于心理，注重遵从外在的规则而压抑内在本性的需求和个性的培育。当礼教被广泛推广，也即促使中国文化倾向于封闭和保守的风格。

儒家学者：可是，凡有社群，必有纲常。君子必先去私欲然后成仁，这亦可称自我完成。再者，礼不是外铄的教条，也不只是求合于外的表面修为功夫。真正守礼的人是表里如一的，亦即是说，守礼必须以诚意作为基础，是由衷的敬仰与遵从。

所有文化都包含一些规范来约束人们的行为。所谓"冲动抑制"，事实上反而是个人解放的重要途径。人们没有绝对的自由，只有在相应的规范下行事，才能够获得社会的认可。那些任由内心冲动支配自己的人，才是真正迷失的人。真正的君子，是把外在的行为规范内化到自己的行为准则中，能够做到内外合一、身心和谐，也就是所谓的欲修其身者，必正其心。一个注重心灵端正而排除杂念的人，在外显的行为上也可以有礼有节，这样对于个人适应社会也非常有帮助。

心理分析家：你所说的"排除杂念"，是不是指个人不想"不应该想的东西"？这样的话不但是冲动抑制，而且也是对思想的控制。强调所谓"杂念"应该摒除，衍生到政治领域就是意识形态上的专制[1]。中国古代的"文字狱"惨剧不正是鲜明的写照么？

儒家观念认为思想对错有绝对的分野。相对的，心理分析的基本观点是

---

[1] Ho D Y F，Ho R T H. 2008. Knowledge is a dangerous thing：Authority relations，ideological conservatism，and creativity in Confucian-heritage cultures. Journal for the Theory of Social Behaviour，38（1）：67-86.

思想无罪。外在行为可以根据是否符合社会规范来判断，但是思想对错的标准又是什么呢？不道德的行为会给他人造成伤害，但是，"坏思想"本身并不会造成任何伤害。身心健全的人都具有冲动控制的能力，能够避免错误地将"坏思想"付诸行动，从而避免对他人造成伤害。

心理分析还允许人们在思想上打破所有禁忌，没有什么东西是"杂念"而不可以思考，因为思想本身是无害和无罪的，只有行动才有评判的必要。可以说，对思想的自我控制与否，是儒家和心理学最明显的区别之一。儒家如果限制了思考的范围，无疑是遏制了思维的创造力。

儒家学者：思想的纯洁是心理健康的一种表现。真正的君子心胸坦荡，无惧无畏，没有焦虑和抑郁等问题。心中无愧，为人自然能够坦荡。

心理分析家：你这种想法和人们的心理现实是相违背的。我们如何去除那些"不应该"的想法或者感受呢？难道要找到一把清洁思想的"心灵刷子"，把这些想法或感受一扫而光？毕竟人心不是一台机器，当我们越想抑制某种思想的时候，这种思想却往往变得更加顽固。

人们在安慰他人时常说，"不要想不开心的事情吧"，意味着不开心的事情能够用意志除去，但事实告诉我们这很难实现。继而，当我们说"坏"思想不应该存在，并不等于"坏"思想就真的不存在。思想可以被压抑，但不会因此而消失。心理学上的实然，必须跟伦理学上的应然区分开来。在无意识里，充满着被压抑的"坏"思想，它仍然可以起作用，继续引起心理冲突和紧张，消耗大量的心理资源。要化解这些冲突，就必须走进思想禁区，换句话说，去想那些"不该想"的思想，从而更真实地去理解、接纳与处理。

儒家学者：我们知道真正的君子是很难做到的，也并非要求每个人都要达到"内圣外王"的理想境界。但是我们必须意识到长期不懈努力、严于律己、见贤思齐的重要性，因此修身是一个长期的过程。

对理想境界的追求是人类无限潜能的体现，我们有可能做到"从心所欲而不逾矩"。当内外合一的时候，人们在心理上就根本不存在任何矛盾和冲突。因此，所谓的抑制，已经不再是刻意而为了。

从心理学的角度来说，也就是一种没有纷争的心态。此时，思想和道德之间、冲动和行为之间，都没有任何矛盾。冲动的控制和思想的纯净都如此彻底，以至自我无需受到压抑。如何达到这种理想的境界？自我监控，慎独自省，不要自欺欺人，这些都是必要的。

心理分析家："自我监控"和"自我反思"是两个不同的过程。自我监控并不是为了更好地了解自我，而是对自我进行监督与控制。

在儒家思想的语境下，"诚"指的是思想和行为与道德规范相一致，而不是和内心的感受相一致。从这个观点来说，所谓的君子在情感上并不一定是真实的，因为他们需要根据社会需求而非内心真实感受来表达情感。所谓"笑不露齿、谈不吐沫"的君子威仪，莫不是一种情感的压抑？在此，真情流露已然变得无关紧要，为适应社会所作的角色扮演反倒成为关键，从而使得情感的表达与角色扮演行为相分离，这就是我们常见的表里不一现象。

我们可以把这样的防御机制，称作是真情与角色扮演的分离，简称"情感与角色分离"（affect-role dissociation）。诸如：有人请来毫无真实感情流露的"哭丧"团队，上演颇具"情感"色彩的角色扮演，笔墨浓重地刻画"哭"的同时，却模糊了其真正孝心表达的重要性。这种行孝方式正是最具代表性的真情与角色扮演分离。

西方的汉学家理查德·所罗门在谈及中国人时曾经说过[①]："他们最不愿意把内在的感受表露出来。他们对'真诚'的看法和西方人恰好相反……他们通过对人际关系和社会的投入来表现'真诚'，而不是依据自己的真实感受。所以，正当一个人内心有截然相反的看法和感受时，仍做出社会认为恰当的事情，便可能被理解为最真诚。"

儒家学者：你歪曲了儒家思想。那些口头说好但是内心说不的人，是不真诚的，甚至是虚伪的。所谓口蜜腹剑、笑里藏刀，都是小人的做法。君子要摒除恶念，这也是修身的要求。

心理分析家：嗯，我想这便是修身的至高境界了。可悲的是，现实中人们的心理状态与儒家的理想境界仍然有很大的距离。我们知道，社会里存有许多小人，卑鄙恶劣之徒无可避免得以存在着。但这并非我们今天讨论的重点。我只是还怀疑，合乎儒家所描绘的君子是否真实存在呢？希望大家能够再思考，君子是否就是一个独立完整的人？在此意义上，"不该想"的思想和"不该流露"的感情，实应在各人心里留有一席之地吧。

---

① Solomon R H. 1971. Mao's revolution and the Chinese political culture. Berkeley，CA：University of California Press.

结　语

　　以上两位学者的辩论，擦出了不少火花。结论如何呢？我们请读者各自下定论吧。无论怎样，两位学者都引导我们对东西方文化里的价值观有了更深刻的理解。他们所辩论的话题不但是学术性的，也是与你本人及整个中国未来的发展分不开的！

相对论与普世论：中西亲子关系之异同

在本章，笔者邀你一同来看看两位心理学家 R 博士和 U 博士，以中、西亲子关系之异同为焦点，探讨文化相对主义（relativism）和普世主义（universalism）的争议①。讨论接触到广泛的课题，特别是在不同文化背景下，心理病理学对儿童心理障碍的理解。我们怎么看待所谓的"文化差异"？怎样减少文化之间的误解？

R 博士的基本立场是，心理病理学的观念、辨析和治疗方法最终应根植于某一特定文化的信念系统。但 U 博士认为，心理病理学的某些内在特质并不受文化国度所限制，在任何文化国度里均可被辨认出来。他们的对话分为三个部分：①在不同时空与文化背景下，双方对儿童与亲子关系及其与儿童心理病理学的关系有不同理解；②文化特定论与文化普遍论之争及心理病理学一般概念之含义；③对于争论焦点的结语。

儿童与亲子关系

R 博士：我先讲一个八岁男孩非常孝顺父母的故事。男孩的家人很穷，没有能力购买蚊帐。每个夏夜，无数蚊子毫不留情地攻击他们。男孩眼见父母受蚊子骚扰而无法安睡，心中极为不乐，于是脱去衣服引蚊子叮自己。他虽然被蚊子叮咬受痛，但为了使父母免受蚊子叮咬，宁愿不赶走身上的

---

① 何友晖. 1990. 儿童心理病理学：特以中、美文化为题的对话. 见林宗义，Kleinman A. 文化与行为：古今华人的正常与不正常行为. 柯永河，萧欣义译. 香港：中文大学出版社：115-129.

蚊子。

U 博士：我对这个故事的第一反应是，这个男孩是很孝顺，但似乎太极端了。从心理病理学看，这个男孩似乎有很强烈的受虐倾向。男孩父母的态度也颇令人怀疑，居然让孩子在幼年时期以如此行为方式尽孝，他们是否忽视了孩子身心所受的痛苦？

R 博士：我相信父母还是会感到痛苦的。事实上，这个故事取自《二十四孝》，是晋朝吴猛的事迹。《二十四孝》一直是中国古代教育中不可或缺的标准教材，许多中国人都对此耳熟能详（参看 p182《传统还是现代：对孝道的争辩》）。

U 博士：我看过其他故事。我认为《二十四孝》充满了心理病理学的资料。其中描述的孝顺事迹往往很极端，甚至是残酷且不合理的。例如，丁兰因妻子不尊敬他为已过世父母雕刻的木像，便决定休妻；郭巨为了母亲不必分出食物给她的孙子，竟打算将三岁的儿子活埋。而有些孝子，例如"卧冰求鲤"的王祥，不惜承受肉体上的病苦及危难，以满足父母极端不合理的要求，表现出隐藏的受虐倾向。还有一些故事则反映出一种过分的、甚至病态的恋母情结。例如，诗人兼书法家黄庭坚为了照顾生病的母亲，守在病床边整整一年，甚至一直不曾更换衣服。

R 博士：你这是用典型的美式思维来分析这些故事！当代美国社会以儿童为中心，而传统中国社会则以长辈为中心，两者大相径庭。孝道是对中国儿童社会教育的核心指导原则，对以世代间相互依赖为基础的中国家庭而言，尽孝至为重要。正所谓"百行孝为先"，以孝为先是天经地义的。因此，在中国社会推崇《二十四孝》无可厚非。

U 博士：我们不应忘记，美国父母对子女的宽容态度只是近年的现象。在不久以前，父母仍坚决不容甚至无情地禁止子女手淫或吮吸手指。早期盛行的行为主义认为，当婴孩嚎哭时母亲不应立即抱起，以免婴孩哭泣频率提高或养成撒娇行为。二十世纪初，行为主义的代表人物华生（Watson）认为，对待孩子的最合理方式是"把他们当做小型的成年人看待"，父母要经常保持"绝对客观且亲切"的态度，父母不宜对子女流露出过多的感情，"不可拥抱及亲吻孩子，不可让他们坐在你的膝上。倘若一定要，则只可在他们道晚安时吻他们的前额，或在早上与他们握手。"

如今，美国人大多不赞同像华生那般把小孩看作年轻成人。可是与华生同时代的中国人却有相近的看法，因为得到成人嘉许的，都是那些举止"成熟得体""少年老成"的小孩。然而，对今天的中国父母而言，像华生那样压抑感情并以机械化模式对待孩子是不可思议的。

文化特定论与文化普遍论之争

R 博士：如果我们从文化角度出发来探讨吴猛及《二十四孝》中的其他例子，借此论述心理病理学，必然会引起极大争议。同一行为在某个文化中得到极高评价，而在另一个文化中却被理解为一种精神病态。那么，到底心理病理学如何确立呢？心理病理学是否具有文化特定性，是否完全要由价值系统界定？还是心理病理学具有普遍性，在任何文化背景都可以为人辨析认同？

U 博士：吴猛的行为可以从伦理或心理学的观点来论述，他无疑是个极孝顺而又受心理困扰的孩子。

R 博士：从故事的叙述，我们无法得知吴猛的心理适应，这也不是我们关注的重心。可确定的是，从社会适应的标准，也就是能不能符合社会基本要求这个观点来看，吴猛可说是非常成功的。他明白自己要尽孝，他也为自己未来的成功角色做好了准备。他赢得孝子之名，不仅个人得到赞赏和尊敬，也给整个家族带来荣耀。因此他使自己取得可敬的社会地位。在《二十四孝》所载的其他故事中，孝顺行为会带来极优厚的物质回报或社会地位的提升。

吴猛尽孝付出了很大的代价，包含身体上和心理上的苦楚。这使得我们不禁要问，是否符合社会要求就得舍弃个人快乐？某些一直受推崇、约定俗成的儿童社会教育方法，其实都忽略了儿童的心理需求，继而产生要成功就要忍受不同的心理困扰这现象。

U 博士：可是，如果个人适应不来问题就更严重。一个成年人若要适应其所处的社会，定要符合某些重要或基本的社会要求。让儿童遵循符合文化要求的成人形象成长，正是所有文化所共通的。任何文化都要或隐或现地描绘这些形象，并制定规则，使父母知道如何养育子女，才可令子女至少符合该形象的基本要求。

未能符合社会适应的最低要求，可说是精神病态本质之一，也是文化普遍论最有力的论证。可是，正如你所指的，符合社会要求并不等同心理健康，它只是心理健康的必要条件而非充分条件。

R 博士：是的，个人过分顺从社会要求很可能导致心理困扰。那么，对那些拒绝顺从社会要求的革新者，我们又该如何看待呢？

U 博士：我们可以把未能符合和拒绝符合社会要求区分开来。未能符合社会要求可能是由于个人资质上的限制，或是在实现时有困难，因此属于心理问题。反之，拒绝符合社会要求需要一定的勇气。基于自觉的道德抉择而违抗不合理的社会要求，更可视为人类崇高的行为。因此，社会革新者和盲目反抗者是有分别的。社会革新者不会无理的与社会为敌，不会单单为了反对而拒绝顺从。反之，他会辨别出哪些社会要求是符合道德而可顺应的，哪些则不可。社会革新者的行为更可能得到大多数社会人士的认同与称赞。

R 博士：不过，问题的关键是：假使文化要求本身是滋长病态的缘由，那该怎么办呢？对于绝对的父母权威，中国儿童在情感上疏远父母，特别是父亲。在代际关系充满紧张、缺少关爱的情形下，情感与角色的分离是应对孝道规范的一种心理机制，让子女扮演孝顺的角色，不带情感地去完成孝行（参看 p46《控制与释放：礼节、真诚与修养》）。在中国传统社会重视并维护孝道的情况下，孩子除了顺从还可以做什么呢？社会革新者又有何立锥之地？反抗或拒绝顺从的孩子，恐怕要遭受更多的坎坷。

根据孝道观念对儿童采取权威态度，着实会让人左右为难：要是鼓励儿童自主，恐怕会使儿童与周边的成人发生冲突，因而遭受更加严厉的处罚；然而，诱导孩子顺从父母的权威，却又会压抑他个人意志的发展。所以，孩子的"心理困扰"很可能与错误的教导方法或父母处理不当有关，因而治疗的对象不单是孩子本身，而应是整个家庭成员间的关系。

U 博士：你以孝道为例子，说明了特定文化对个人的要求可能导致心理问题，但这并不否定心理病理学的文化普遍性。相反，亲子关系是心理问题的重要原因，这正好反映出心理问题的普遍性。当然，文化会影响我们判断哪些是异常行为，对异常的理解、解释及治疗的方法，以及各类精神病的发病率。每个文化中都可能有精神病患者，不过他们发病的种类、程度等却取决于文化所加诸的压力，以及文化所能提供应对压力的方法。事实上，精神病患者不但可被其同一文化中的人辨认出来，而且也可被与其不同文化的人根据患者所属的文化规范辨出。

如果将问题关注于儿童，我们还要特别关注儿童成熟的程度。个人是按着一定顺序发展的，我们可以肯定这些法则具有普遍性。不论在哪个文化背景下，每个儿童都得先会走路，然后才会跑步；先学会单字，然后才会用片语和短句。小孩的行为会随着生理成长而发展，并且在不同的年龄阶段会有新的或较高层次的能力。虽然不同的文化或次文化有不同行为表现的规范，但在特定文化内，行为表现的偏差还是可以被察觉的。不论在哪里，如果小孩在感官运动、语言、认知和社交方面有明显的迟滞或失常，都会被关注到。

比如说，容忍程度与诊断儿童多动症有极大关系。所谓多动症就是活动超出一般可容忍的程度。美国社会的父母和教师对多动症最感烦恼，这大概是他们最常见的儿童心理问题。一般而言，美国社会对好动的儿童是有好感的，但却仍有这么多儿童被认为活动过度，实在出人意表。若以中国社会的标准，美国儿童活动过度的比率一定更高。通常，美国人会惊讶中国学生在课堂上的安静程度。

R 博士：中国儿童在活动过度上与美国儿童对比强烈，原因是两地文化对儿童的期望不同。中国教育更强调集体而非个人的价值，从幼儿园起，中国儿童就接受集体生活重要性的传达。他们必须学会自制，不要干扰群体秩序。期望儿童能够早日学会自制自律，是中国父母教养子女的传统思想。一般来说，中国父母比西方父母更关心子女的节制。相反，美国父母看见子女（尤其是男孩）不外向活跃，反倒觉得担心。

也许更重要的是，在中国传统社会中，子女不顺从父母是令人无法容忍的。成人对儿童的一致期望形成压力，逼使儿童要自制。反之，美国社会对子女的期待并不一致，教养问题常常引起激烈的争论与辩论。我们不禁要问，自制与个性发展，是否类同于鱼与熊掌不可兼得的取舍？是否因美国社会过分尊重个性，而导致儿童过度活跃？而是否只能通过压制个性，来使儿童学会自制？

R 博士：我认为，对儿童心理病理学的认知，须基于不同文化对亲子关系的理解。文化在某种程度上是导致某些精神疾病的因由。人们对行为失常的看法，会受制于社会文化对它的理解，这种理解决定患者如何治疗，所以它比失常程度对患者未来的影响更深远。

U 博士：我并不完全反对你的意见。认识不同文化的影响力可使我们对儿童的心理问题有更深入的认知。然而，我反对说文化是引起问题的唯一原因，因为它否定了儿童的内在缺陷或病理过程，以及其他诸多可能导致病态的因素，我也反对任何否认心理病理学具有普遍性的极端文化相对论。

结　语

　　我们经常遇到这样的问题：西方的心理学原则，可以应用到其他不同的文化社会吗？根据中美两地的观察我们认为，就两地文化来说，并不需要有两套不同的原则或知识体系。但为了避免误解，还须在此补充一句，我们并不是说西方心理学可以全盘移植到其他社会来应用。相反的，我们须在不同文化下多加观察，以修订心理学的概念和原则，增强对其具有普遍性的信心。最理想的治疗，是普遍原则与特殊情况的灵活结合。找出人类行为的通则正是心理学的使命。

关系网中的"我"：中国社会心理学

本章试着将两个研究论题联结在一起：第一个问题是基于中国本土文化的理论框架，探讨什么是"中国心理学"；第二个问题则探讨中国本土社会现象。我们对这两个问题的思索总结出了"关系取向"的论点，揭示不论在任何社会阶层或文化中，社会行为均产生于关系之中。因此，分析社会行为的单位应该是"关系中的个人"，而不是"孤立的个人"。本章就当代社会心理学主流中偏于个体的研究方法，用"关系取向"的论点向其提出了质疑和修正。

中国心理学

"中国心理学"（严格来说，我们讨论的是"中国社会心理学"）一词曾令人产生不少混淆。它指的到底是什么呢？第一，有人认为它指的是"研究中国人的心理学"。这种说法强调中国人的思想行为是研究的对象。心理学家可通过理论与实证研究，建立一个关于中国人思想行为的知识体系。第二，有人认为它指的是心理学在中国作为一门学问的"专业发展历史和现况"。第三，有人认为它是指"中国心理学家开辟的心理学"。这里说的中国心理学家不一定是华人心理学家，也包括在中国工作的外籍心理学家。第四，有人将中国心理学看成"中国心理思想"，其中包括了古往今来的中国思想家对人生、思维与行为各方面的心理构想。这些心理思想可被视为文化产物或心理现象的投射，值得心理学家对其做更进一步的探索，但其本身不能组成一门系统的心理科学。第五，中国心理学也有被视为"有中国本土特色的心理学理论系统或思想体系"。中国心理学家可从本土文化中提炼出研究概念、方法与理论建设，可供提炼的文化素材除了上层文化的宗教哲学传统外，还有草根文化中的民间传统。

上述五种说法中，第一说明确表明了研究对象就是中国人，其他四说的研究对象则不局限于中国人。当然，选定研究对象后，任何国际的研究人员均可自由选择用什么方法来研究此对象。研究对象的选择与研究方法的选择是没有必然关系的。故第一说和其他四说在逻辑上也没有必然的关联。再者，中国人的行为思想未必与别国的人不同，将"中国心理学"等同于"中国人的心理学"似乎不妥当。

同样的，将"中国心理学"一词等同其他四种说法也不见得没有问题。中国心理学家开辟具有本土特色的心理学，或中国心理思想，难道就一定不能放诸四海而皆准吗？在中国境内开展的心理学，难道就一定不能研究外国人？我们甚至还可以问：中国心理学对一般人类行为的研究，甚至对心理科学的拓展到底贡献有多大，可以有多大？

有趣的问题出现了："研究中国人的中国心理学"这想法又怎么样呢？也就是说，用中国人的角度来研究中国人的思想行为模式。具有中国特色的中国心理学，必须能够反映出中国传统智慧。这种模式的中国心理学，可以从中国心理思想脱颖而出，亦即上述第一说和第四说的结合；也可糅合第一及第五说，刻意营造一门具有本土特色的中国心理学，以求异军突起。但如此又立即产生新的问题：心理学是否需要为研究中国人而特别另辟一条中国路呢？这中国路在方法、概念、原则上是否与西方心理学的道路殊途？比之西方心理学，这条路是否行得通，甚至更好走？是否须建立"研究中国人的中国心理学"，关键就在这些问题的答案上。但无可置疑，目前这类型的中国心理学尚在雏形中。

在以下的讨论中，"中国心理学"一词所指的是"有中国本土文化特色的心理学"（第五种说法），将本土文化视为理论建设的题材。为了使焦点更集中，我们的讨论范围将缩窄到中国社会心理学，提炼理论的基础，包括通俗与士人两方的传统。本文的志趣在于为中国社会心理学提供一个概念架构，并进而探索这架构在不同文化中可供应用的程度，以及它对主流社会心理学可以做出什么贡献。

在这方面，中国台湾的学者们做了大量的研究工作。例如，1993 年推出了由杨国枢创刊主编的学术期刊《本土心理学研究》；2005 年，杨国枢又与其他学者共同主编了《华人本土心理学》[1]。

---

① 杨国枢，黄光国，杨中芳. 2005. 华人本土心理学. 台北：远流出版社.

殊途同归

在探索中国人心理之时，虽然众说纷纭，但有几点却似乎殊途同归：

第一，指导社会行动的原则包括：①集体或群体利益先于个体利益；②完成外界的社会义务先于满足个体的需要；③在现有的社会秩序中安身立命先于表达自我。因此，社会行为的重要决定因素在外而不在内。另外，在西方，自我表达与满足个人需要被视为一种基本权利，须加以保障以免受他人或群体权利的侵犯。但在中国，人们关注的却是如何完成义务。如果说西方人是权利中心，则中国人就是义务中心了。

第二，人际关系的互惠性，使每个人无法跳出错综复杂的义务与亏欠系统。中国人对他人恩惠的亏欠，可从"人情"和"人情债"等词语中充分表现出来。"人情"一词的表层意义是人之常情，强调在来日回报所欠他人之恩惠。如果终其一生回报不了，其子孙后代便要肩负起这笔"人情债"。因此，中国人不肯随便或轻易接受别人的恩惠，这点是可以理解的。

第三，社会行为具有高度的他导性，他导性高意味着需要得到他人（尤其朋辈）的赞许与指导，倾向于依从他人，所以中国人可能会更重视社会赞许。一个人如果只要求被社会接纳，那么他只需要避免受别人非议、拒绝或排挤就够了。避免非议比追求赞许是更加基本的要求。毕竟，受人赞许虽是需要或渴求，但若想在社会上好好生活，人们却必须尽量避免招来太多非议。一旦非议过多，就算进行补救也难以换回别人的接纳。

第四，社会互动的规范性可维持和谐、和睦，避免公开冲突。在中国，儒家思想的意识形态主张和谐的人际关系、和谐少争是理想的社会秩序①。它缺乏动力的元素，没有看到冲突在社会历程中所能起到的积极作用，也没有剖析冲突因何而起及如何解决。

第五，个体对社群的取向特点在于从众，而不在于自我表达。集体主义、他导性与人际关系的和谐汇集成一股力量，使个人对文化规范唯命是从，向群体屈服，群体要求凌驾于个体情愫和意愿上，社会行为被节制在正当或可接受的范围内。所以，在中国社会中，从众主义是极普遍的。

---

① 杨国枢. 2005. 中国人的社会取向：社会互动的观点. 中国社会心理学评论（第一辑）：21-54.

方法论的关系主义

从方法论去理解，关系主义的前提是，研究个体先要对其互动所在的情境和关系进行分析。研究个体的行为时，必须考虑到该个体与其他个体、群体、社会的关系，并考虑到群体之间的关系。而且，研究人际关系本身时，也必须考虑到其他的关系，因为每一种人际关系都受到其他人际关系相互的影响①。

现时的主流社会心理学带有个人主义的偏差。考虑到社会生活中自我与他人关系的普遍性，我们认为需要采用新的方法论来进行知识建构。我们称之为"方法论的关系主义"（简称关系论），在这个关系论中，我们把"关系"这一关键词理解为"社会联系"（social connections）。中国人的"关系"有别于英文中的"relationship"，没有"relationship"，互不相识的两个人之间也可能存在"关系"，可以是一种间接的联系。

在一个关系网络中，个体有许多社会联系，可以是正式的，也可以是非正式的；有直接的，也有间接的；可以是既有的，也可以是通过努力自致的。社会联系的重要，就在于个体可以通过这些联系，而得到某些好处或达到某些目的（"搞关系""走后门"等）。诚然，社会联系不等同于社会地位。社会联系确定了一个人在社会网络中的位置，但并不一定决定其社会地位。一个地位低微的人，亦可以因为与某权贵建有密切关系，而颇具影响力。社会联系亦可以带来负面的影响或后果，例如某人倒台了，你也会因为与他的直接或间接联系而受牵连。

关系论包括两个层面的分析。其一是"关系分析"，可用于分析不同个体在人际关系中的互动，以及各种关系（如父子，师生等）的质量。其二是"元关系分析"（metarelational analysis），可用于分析元关系，即关系的关系，包括人际间、个人与群体之间、个人与社会之间和群体之间的关系的关系。举例说，众所周知，婆媳关系紧张会影响到夫妻关系，还有，夫妻关系可以被其中一方与第三者建立婚外关系而受到破坏。

关系论重视个体在社会关系网络中的"嵌入性"，依存于社会关系中，重视社会行动的动态性——在一个网络中，行动者之间存在直接或间接的关联，由此产生动力与反动力，进一步影响各行动者。社会行动可能是个体主动引发的，或是被动回应的；亦可能是直接（对准某人）或间接（通过他人而转达至某人）的。

---

① 何友晖，彭泗清. 1998. 方法论的关系论及其在中西文化中的应用. 社会学研究，（5）：33-43. 也可参看：何友晖，陈淑娟，赵志裕. 1989. 关系取向：为中国社会心理方法论求答案//杨国枢，黄光国. 中国人的心理与行为. 台北：桂冠图书公司：95-112.

关系取向

社会心理学中，关系和背景的重要性已是众所公认。人的性格发展不能脱离社会背景，人际关系对人的影响是社会心理学家所赞同的。但中国式社会生存论的影响并不就此止步。人际关系除了在人类性格发展过程中承担了历史使命外，它让人在有生之年，为生命定出人之所以为人的意义。个人的生命是不完整的，它只有通过与他人的共存和建立关系才能尽其意义。没有他人，个人身份失去其意义。在这层意义上，中国人的社会生存论是关系中心的。因此，"关系取向"一词道出了中国社会心理学的神髓，强调"我"是关系网中的一分子。

关系取向不等同于情境取向。关系可由文化编制出来，具体表现为角色关系，例如，儒家的孝道观强调父子关系。关系也可由社会编制出来，地位与权力关系正是其中一例。角色与地位均有较持久的结构特性，不会因社会情境而改变；但其他关系在本质上则较短暂，且会受情境影响，偶然缔结的相识关系便属此类型。另外，关系取向和集体取向也有差别，前者的重心在关系而不在集体利益。

个体总是处于多元关系的社会网络中。因此，虽然社会行动的心理学关注的是个体行为，但在方法上，它还必须处理：①个体自发或回应他人的行动；②对与个体有密切关系者的行动；③他人对个体的行动；④和他人有密切关系者对个体的行动。显然，这种分析法需要估计的社会行动范畴比传统做法更广，也更复杂。在社会舞台上活跃着很多演员，他们直接或间接地互动着。在这个关系复杂的动力场中，个体的形体与重要性显得相当微弱。个人不再站于舞台的中央，也不再是看待万物的唯一参照。

关系取向意含着个体间的回报、互倚及相连。社会行动不能完全依从个人的意向、情操或需要。反之，在社会行动中，每个人都盘算对方会采取的行动，并假设对方也在考虑自己会采取什么行动。关系取向可使心理学家了解，为何单独用性格预测社会行为总是成绩有限。不只在中国如此，在外国有远见的心理学家亦会留意到类似的问题。理由是：社会行为最有力的决定因素往往并不在个体，而在个体以外的关系背景。

结　语

从中国文化提炼出来的中国社会心理学，充分承认了关系背景对社会行为的重要性，从而质疑和修正了西方社会心理学以个体研究为焦点的思想。

目前关系取向只是一个概念构架，而不是一个理论。这里存在一个问题：到底这个概念框架在概念和方法上对主流社会心理学有什么具体贡献[①]？西方的观点将注意力集中在个人身上，但关系取向提供了另一个观点，那就是：不论在何种社会文化中，社会互动永远是在关系背景下进行的。因此，分析的单位不是"孤立的个人"，而是"关系中的个人"。现时的社会心理学仍摆脱不开个人主义的偏差，关系取向正好点出其要害。故有系统的研究"关系中的个人"，实应被纳入社会心理学的主流内。

---

① Paranjpe A C，Ho D Y F，Rieber R W. 1988. Asian contributions to psychology. New York：Praeger.

社会定位：中国人的自我认同、身份与正名

关系取向有助于我们更好地研究社会心理学中的某些课题，理解社会交往和日常生活（参看 p57《关系网中的"我"：中国社会心理学》）。在本节中，我们将应用方法论的关系主义去探讨中国社会与文化，从以下三个方面向读者介绍关系取向如何帮助我们理解社会和日常生活：①非正式的社会定位；②自我认同与身份；③正名。探讨以上三个方面将帮助我们体会中国文化的特点，并更好地理解中西方文化之间存在的差异。读者们会发现，如果对以上三个方面没有透彻的认知，就不能真正的了解中国人的心理。

非正式的社会定位

"非正式的社会定位"，或者说非正式的社会身份辨认，指的是人们相遇时，如何辨认其他人在社会网络中的位置，以采取应对该位置相对应的行为规则。定位后其他人才能知道应如何与此人交往。这需要从尝试获取对方有关特征的信息开始。

这些特征信息大致可以分两大类：个人特征与关系特征。个人特征包括：①个人内在的生理和心理特征（如外貌、心理成熟程度等）；②个人外在的成分特征（如年龄、性别、种族、教育程度与职业等）。关系特征来自个人的社会联系，也是一种外显特征。而社会联系乃基于：①地缘与所属机构；②血缘或姻亲关系（即家族关系）；③阶级或成就（如晋身上流社会或考进名牌大学等）。

关系特征可以是非正式的（如交情），也可以是正式的，如成为某机构或社

群的成员。它的作用就像一幅社会地图，没有它便会使人茫然不知应如何接近图中的人。换言之，在和别人相处前，我们往往必须先了解这个人是谁。要了解他是谁，又必须先知道他的社会关系。

假设两个素未谋面的人相遇，双方会将有关自己的部分资料显露出来，将其他资料隐藏。同时，双方也希望知道关于对方的情况。个人愿意表露的资料很大程度上也是对方有兴趣知道的东西。一方愿意表露而另一方乐意知道的资料，就成为非正式社会定位的初期依据。

在不同文化中，个别特征的重要程度也有所不同。例如，在美国文化里，个人特征会更被关注和看重，而在中国文化中，关系特征较个人特征更为重要。对美国人而言，如果别人老是关注其关系特征，他可能会感到不耐烦，认为对方只留心他的社会背景，而把他自身忽略。但对中国人而言，如果别人老是注意自己的个人特征，他会感到不舒服，认为人家没有留心他在社会上的位置。

自我认同与身份

除了非正式的社会定位外，社会联系的重要性也可见于自我认同（self-identity）。自我认同是指自己对自身的认识。简单来说，这种认同就是对"我是谁"的回答。如果一个人用他主要的社会联系来厘定自己的认同，可称之为关系认同。

关系认同和集体认同甚为相似。所谓集体认同，乃指个人根据其所属来定义自己的认同。更极端者，他不认为自己是独立个体，而是"大我"的一部分。对中国人来说，个体更多时候认为每个成员均分享着社群的特征，分享着它的荣辱。而社群整体也分享着个体的尊荣和耻辱，所以我们更看重国家荣誉，也会谨记"国耻"。而对西方人来说，个体的自我认同不太强调社群。

在传统中国文化里，自我不是个体的自我，它对自己的存在、独特性、方向感、目标和意愿往往没有很强自觉。自我与非自我间的界限不清，人我的疆界不明。中国人的自我可称为关系性自我，它对其他人的存在具有高度的觉察能力。正因为如此，中国文化中的自我会趋向于从众。文化的制约使其比较不会对个人需要有所反应，却会对社会要求和义务趋向接受。于是，内在"私我"与外在"公我"间会有一定距离。

在中文里，"身份"一词本身就带有个人在社会上的地位的意思。自我认同是与身份截然不同的概念。身份注重个体在社会关系网中的定位，而自我认同强调个体对自身的认识。另外，自我认同是由个体定下的，身份则是由外界赋予的。因此，身份是社会学的概念，自我认同是心理学的概念。西方的心理学家强调每一个人都是独一无二的，也就是肯定自我认同的求异。中国人注重身份则强调人要符合社会规范，并要求人的行为与其身份相符。

正名

中国人注重身份的原因是非常值得思考的。我们认为，这个取向源自孔子的"正名"思想。在《论语·子路》中，孔子曾对"正名"有所论述：

> 子路曰："卫君待子而为政，子将奚先？"
> 子曰："必也正名乎！"
> 子路曰："有是哉，子之迂也！奚其正？"
> 子曰："野哉，由也！君子于其所不知，盖阙如也。名不正，则言不顺。"

胡适[①]在《名教》中对名分是这样解说的：

> "名"是表物性的，"分"是表我的态度的。善名便引起我爱敬的态度，恶名便引起我厌恨的态度。这叫做"名分"的哲学。"名教"，"礼教"便建筑在这种哲学的基础之上。一块石头，变作了贞节牌坊，便可以引无数青年妇女牺牲她们的青春与生命去博礼教先生的一篇铭赞，或志书"列女"门里的一个名字。"贞节"是"名"，美慕而情愿牺牲，便是"分"。女子的脚裹小了，男子赞为"美"，诗人说是"三寸金莲"，于是几万万的妇女便拼命裹小脚了。"美"与"金莲"是"名"，美慕而情愿吃苦牺牲，便是"分"。

这段话把正名的重要性说得最清楚不过了，一个人的身份、名分、成分都是从正名而来的，"名不正，则言不顺"。但我们可以从另外一个角度去看，正名是果而不是因：一个人没有扮演"正当"的社会角色，就不会有被认可或合法的社会地位，难以在社会立足，也就是说"言行不顺，则名不正"。可是，若一个社会越迷信正名，就会看到越多的牌坊、标志、标语等，反而导致有效的行动变少。

---

① 胡适. 1930. 名教//胡适文存，第三集，第一卷. 上海：亚东图书馆: 50.

在基督教里，撒旦也被称为路西法。撒旦在天堂原为"光之天使"（Angel of Light），而路西法也含有光的意思。后来，他领导一群天使造反，结果战败，被逐出天堂打入地狱。此后，撒旦成为一切罪恶的化身。于是，魔鬼与撒旦就画上了等号。这也许佐证了即使在西方正名也十分重要。

西方如此，中国旧社会就更不用说了。孟子说："无父无君，禽兽也。"江湖大盗还有"身份"，还是人；忤逆不孝、大逆不道的人就根本不算是人了，所以孟子才会怒称他们为"禽兽"。于是，上至帝王下至庶民，都需要正名。男士们都应很清楚，女人注重名分，往往尤重于生命，这是完全可以理解的。有爱情，没名分，看来是多么浪漫；但一旦爱情没了，生活有何保障？更惨的是，没有名分所招来的是"人言可畏"的非议。

把正名放在如此核心的伦理地位，很容易把人两极分化。例如，以"烈女"和"淫妇"来判别女性是否忠贞；小说、电影、戏剧里的人物，忠与奸的形象划分鲜明；京剧里的脸谱有红脸、白脸、黑脸等，亦是为了让观众更容易辨认好人与坏人。这都说明，在中国人眼里身份重于个性。

社会过于看重"名"，会使人们过于求名而忽略客观现实。同时，也会促使人们用"扣帽子"的方式来打击别人。实际上，社会心理学早就提到标签效应（labeling effect）。比如，一个人进入精神病院，被认定是精神病患者后，即使康复了，仍很容易让人误认其一举一动都是精神病患者的表现。

结　语

我们认为，中国社会与西方社会相比更偏向于关系取向。在上文中，我们通过对非正式的社会定位、自我认同与身份和正名的讨论，帮助读者更好地理解关系取向是如何影响我们日常交流与交往的。

关系取向要求人从关系这一角度思考自我认同和身份。同时，也使人们变得在意于通过其他人来获得"正名"。可见，对关系的强调使得社会更强调人与人之间的关系，而不是单独个体本身。这实质上强化了人与人之间的联系和互动。为此，当人们想让自己在人前留下良好形象，就必须更遵守社会规则，凡事也更须考虑如何为维持人际间的和谐而作出妥协。就此我们也可以说，中国人或是活在"关系网"的束缚中而难以自拔。

权威与权势：传统中国社会的政治机构

本节以一个声明开始：传统中国社会政治机构的特色就是高度的权威主义。这声明是基于研究中国社会的学者所公认的论点，如果您不同意（或不愿同意）这论点，那就不必继续阅读本节了。以这个坦白的声明开始后，接下来我们将尝试追溯权威主义的渊源，并探讨它如何在人际关系中显露出来，而又怎样在一定程度上阻碍了社会前进。

在政治学讨论中，权威主义属于意识形态。作为心理学概念，则指一种性格倾向。这性格倾向的主要特色是对权力或权势的降服，以及相对的看不起弱者。有这倾向的人叫做权威性格（并非指具有威望的意思）。应该指出：权威主义并非性格的表面征象，而是根深蒂固、难于改变的内在倾向。心理学研究指出：权威性格往往倾向于偏见、自我中心和思想僵化。

权威主义和孝道

从心理学角度来看，要溯源权威主义就需从研究性格的形成开始。这里，我们需要一个将性格与文化相联系的概念，而"内化"概念正好提供了这种联系。换言之，文化价值本来是个人以外的，后来包含在个人的价值观以内，成为性格的一部分。在这过程中，父母明显地扮演了重要的角色。对孩子来说，很长一段时间他们代表了成年人的世界。他们作为媒介，将文化价值和信仰代代相传。因此，权威主义的源流须在家庭、家族中追根溯源。

在养育子女时，父母本身受文化价值所引导。传统上，孝道一直是中国社会中教育子女的基本原则之一。孝道是儒家道德观的中流砥柱，它教导孩子如何对待父母及祖先，也赋予父母对子女绝对的操纵权。推而广之，在家族中长辈亦拥有对后辈的权威。中国人以敬老见称，而敬老的道德基础亦是孝道。所谓"百行孝为先"，个人在社会要承担的一切责任中，与孝道相关的事项都比其他来得重要。这些孝道责任，无论是物质上还是精神上都有严格规定，一个人从懂事时候开始到去世那天，都必须服从这些规条[①]。

话须说回来，儒家典籍并不提倡愚孝，例如盲从父母。父母有过失，子女就应该努力不懈地规谏。不过，除非在最不寻常的情况下，叛逆或者完全违背父母意旨的行为是不被容许的。现实生活中，来自父母之命的压力，备受历久文化传统的支持，总会令人无法抗拒而终于屈服。

分析孝道概念的组成部分，你就会发现它和权威主义（尤其是权威性屈服、权威性侵略和墨守成规）有很多相似点。孝道强调对父母的顺从——甚至完全淹没了个人的意愿。并且，命令式的孝道使得父母子女间不能产生发自内心油然而生的爱，而被视为一生中最需要担当的责任。因此，在实行孝道时，形式很是拘谨。例如，盲目固化地遵守祭祀和葬礼的传统方式。

我们不是说孝道只包含了服从、责任和传统处事方式而没有其他。孝道和权威主义在内容上，的确有很多明显相似之处。但可以肯定的是，权威性格是个复杂的概念，它包含很多组成部分，例如愤世嫉俗（cynicism），而这些成分与孝道表面上似乎毫无关系。

研究中国社会的学者们发现，孝道在界定权势关系上，尤其是父子关系中起着重要的作用，亦明白两千多年来孝道对社会政治机构的巨大影响。不过，他们似乎忽略了孝道在个人性格塑造过程中所扮演的角色。心理学研究获得的数据指出：权威主义和孝道是确实存在相关性的。换言之，主张孝道的人会有权威性格的倾向。这是一项重要的发现，因为它将两个表面上互不相干的概念联系起来——一个是千百年来道德观念的基石，而另一个是与个人性格相关的概念。虽然研究所得到的是正相关，并不是说两者间有一定的因果关系，但是提供了新的佐证，说明当孝道内化时，权威主义的倾向会相应增加。

临床观察还表明，面对绝对的父母权威，中国儿童会在情感上疏远父母，特别是父亲（参看 p51《相对论与普世论：中西亲子关系之异同》）。推而广之，儿童在权势关系中会有以下的典型反应：普遍倾向畏惧权威，害怕权威人物；面对

[①] Ho D Y F，Xie W，Liang X，Zeng L. 2112. Filial piety and traditional Chinese Values：A study of high and mass cultures. PsyCh Journal，1：40-55.

权威的指示采取沉默、违拗和消极抵抗等行为模式；迁怒他人，或将攻击性内向化而造成心理上的自戕。

因此，父母和子女间的权势关系也可以作为其他权势关系的模式，例如君臣、主仆，以及上司下属之间的权势关系。此时，孝道是儿童对父母、长辈的理想行为标准，忠义则是成年人对上司和长辈的道德标准。"忠臣出自孝子之家"，这句话正显示了孝道的影响力实际上会达到政治层面，远远超出家庭以外。个人在孩提时期接受了孝道观念的孕育而形成权威性格，日后便特别适应于生活在权威环境中。由此看来，中国权威主义主宰的意识形态，在一定程度上始源于孝道。

在权威社会中，权势和责任都是高度集中的。人民的信任、社会的安全与命运并非寄于法律或政治机构上，而是寄于权威领袖身上。最强有力的领袖就是权力的化身，亦是代表人民集体力量和意志的象征。不幸的是这会造成"人治超乎法治"的后果。由于领袖同样亦可能会出现主观错误、腐败或反复无常等不良倾向，人民便变得没有充足的保障。况且，因为权势过分集中，领袖个人过失所造成的后果往往极端严重。

权势关系与社会交往

正式和非正式的权势关系，存在于几乎所有的社团成员之间。在权威环境中，权势关系被界定得很清楚，阶级分明的上、下属直线权势关系非常显著，而每个成员都将对自己的阶级地位念念不忘，例如，军事组织、医院和天主教会都可被视为典型的权威主义机构。以下是权威主义对社会交往所产生的一些后果：

1）交流往往是单方向的——由上而下。因此，下属的感觉与意愿难于上达；另一方面，纵使上级有兴趣也很难真正了解下属的切实处境。

2）由于情感距离和地位尊卑存有肯定的关系，不同阶级的成员之间情感上必然被疏远。地位差别越大，情感距离就越大。

3）下属会觉得，从上面压下来的权力是没有斟酌余地的，甚至任意专横也无可奈何的，结果他们很容易形成消极抗拒和听天由命的心理。

4）上司和下属的关系虽然表面上看来协调和谐，但潜在的冲突始终得不到解决。下属愤怒的情绪受到压抑，往往向没有还击能力的外人或次级下属泄愤。因此，需要一种能够长期压抑愤怒情绪的强力机制来维持平衡，而有限度的泄愤机会，亦会帮助维持表面的和谐。不过危险的是，当冲突表面化时，就很容易酿成暴力。自然，由于人们惧怕暴力，所以纵使有不满，仍然不愿轻易扰乱社会既有的秩序。在这样的情况下，既有的社会架构就可以维持其权威性质。这或许能解释为什么有权威主义传统的国家，当试验推行民主政治时多半都饱尝挫败。

结　语

从汉代到清代，中国的统治者一直高举着儒家思想旗帜，将其作为国家所认可的正统道德体系。我们也可以说，权威主义形成一股保守力量，在一定程度上阻碍了社会进步。权威主义机构不但会吸引权威性格人物去为它服务，更会维护其意识形态，作为唯一合法的主义。人们一旦熟习了一贯的行事模式就难以撼动。于是，一个循环效应产生了：孝道和权威主义相辅相成；同样，权威主义与保守主义互增气势。时至今日，权威主义作风仍在中国社会中存在着，并在某种程度上阻碍了改革的前进。因此，对于致力于中国现代化和希望实现"中国梦"的有识之士，认清传统孝道是权威主义的根源是有必要的。

弑父与杀子：权力关系视角下的父子伦理①

父子关系是中国传统社会结构的主轴，更是上下级人际关系的基石。然而，父子关系的伦理层面与心理层面存在分离，这是传统文化中的一个盲区。关于父子之间的矛盾，从权力关系的视角可以更全面地分析这个矛盾。从中国文化中弑父与杀子的传说和故事来看，挑战父权是非常危险的。绝对的父权引申到上级对下级的控制，对中国人心理与行为产生重大的影响，导致反抗和批判精神及创造性的匮乏。对理性反抗和批判精神多加宽容，实有利于推动当代中国社会的进步与发展。

"老吾老以及人之老，幼吾幼以及人之幼"，孝亲与爱慈长久以来被认为是优良的传统美德，得到人们的称赞与追崇。在强调孝道的中国传统文化当中，弑父极度不被社会所许可，备受世人的谴责。相反，杀子这让人惊心肉跳的行为，却在传统文化中的某些情境下得到允许。在我们耳熟能详的民间传说或者故事中，存在着大量类似的情节，例如《二十四孝》中埋儿奉母的故事。为什么会存在这种差异，而这又反映出怎样的心理情结？

弑父与杀子：传统心理学视角的不足

传统的心理学更多地关注弑父的现象，而非杀子的现象。弗洛伊德通过解读俄狄浦斯王弑父的故事，最早总结出心理分析理论中的"恋母情结"。在希腊神

---

① 谢蔚臻对本文亦有贡献。

话的故事中，俄狄浦斯在无意中便杀父娶母，成为了国王。在弗洛伊德看来，男童从小都有一种恋母情结，因而非常嫉妒父亲与母亲之间的亲密关系，并且伴随着一种"阉割焦虑"，担心自己会因为爱母亲而受到父亲的打压。这种情结隐藏在我们内心的无意识世界当中，支配着我们做出许多微妙、难以解析的事情来。

然而，弗洛伊德的分析显然存在一些不足的地方。首先，他忽略了杀子现象。事实上，在俄狄浦斯数代家族中，杀子的事例远远多于弑父的事例。弗洛伊德关于性嫉妒的观点，难以解释为什么杀子的现象要比弑父的现象多。至于在中国的传统文化中，父子之间的矛盾关系更是难以单单用性嫉妒的观点去分析。

而在广为流传的戏剧中，弑父的对象大多是养父而非生父。为什么呢？因为如果养父是杀了亲生父亲的人，那么根据"父仇不共戴天"的伦理，儿子必须为亲生父亲向养父进行报仇。这亦表明中国人很注重血缘关系，正所谓"血浓于水"。

比如金庸笔下的杨康是一个命运注定的悲剧人物。杨康自小被养父所照顾，与养父感情深厚。但传统伦理要求他，为素未谋面的亲生父亲向养父报仇。即使杨康是一个正直男儿，面对要向养育自己多年的养父报仇的情况，也会不知所措，无所适从。毕竟对方虽无父子血缘，但有父子之情。当我们只讲伦理，而不顾及感情需要，这事实上就是"心理文盲"（psychological illiteracy）的表现。

由此看来，关于杀子与弑父的现象，仅仅从性的角度出发去分析是远远不够的。我们需要更为开阔的视角来分析这些现象。两代人之间的矛盾本身，与权力定位有很大的关联，俄狄浦斯王的故事便明显地含有父子之间权力斗争的矛盾。

两代权力关系的视角：传说故事中的杀子现象

在中国传统的社会结构中，父子关系是家系绵延的主轴。在父子伦理方面，传统的中国和西方思想存在本质上的区别。在基督教文化中，神权具有绝对的权威；而在中国传统的文化中，父权才是绝对的。因此，儒家伦理道德规范要求儿子对父亲绝对地服从。孔子揭示了"父父、子子"的规范原则；董仲舒则综合儒、法两家的伦理观，提出了三纲五常，建立了以父统子的伦理规范，膨胀了父权，束缚了儿子个性的自主权。可想，在父权为大的社会传统当中，对弑父的谴责和对杀子的容忍，是与两代人权力的绝对分布有密切关联的。从这个意义上来说，古代中国的"杀子文化"要比"弑父文化"更为突出。这一点，在许多民间的传说故事中可以找到证据。

先古的圣人舜虽然非常优秀，是个大孝子，但是却常常受亲人的陷害。他的父亲瞽瞍在他人的唆使下甚至想害死舜。有一次，他们叫舜帮助修理谷仓，等到舜登上仓顶时，却撤梯放火，想烧死他；又有一次，他们叫舜帮助淘井，等舜下井后，却投石填土，想活埋他；还有一次，他们请舜喝酒，想等他喝醉后杀死他。幸然，在妻子们的帮助下，舜每次都死里逃生，家人的谋杀没有得逞。按照孟子的说法，舜是明白自己在家庭中悲惨甚至危险的处境，但是为了履行父子孝道，他别无选择。在去修理谷仓、淘井、喝酒之前，他都知道暗藏着杀机，妻子也劝他不要去，但是他还是去了。后来，他的孝行感动了苍天，尧将帝位禅让与他。他最后也和亲人修复了关系。这个故事充满了儒家的理想主义色彩，孝行不仅符合天意，而且可以感动人心——孝行具有将悲剧转化为喜剧的力量。在父子关系中，舜不可以反抗不公，只能寄希望于苍天。然而，在现实生活当中，孝感动天谈何容易！这个故事却在崇扬这种被动的生存方式，父权之强，子权之弱，可见一斑。

当微弱的子权无意地挑战到强大的父权的时候，结果往往是悲剧性的。薛仁贵的传说是又一例杀子的故事。这个故事已经成为京剧的传统曲目，在一些地方的戏剧片段中，有这样一段情节。薛仁贵是唐朝的名将，箭法高超，有勇有谋，长期驻守边疆，取得"三箭定天山""神勇收辽东"等赫赫功勋。戍边 18 年之后，薛仁贵第一次回家。在回家的路上，他看到一个年轻人正在射杀野鹅。年轻人的箭法很好，薛仁贵便向他提出挑战，要比赛箭法，声称自己可以用一支箭射死两只野鹅。年轻人接受了挑战，但是，薛仁贵没有射野鹅，而是射死了这个年轻人。薛仁贵说："我本来可以给这小子留一条命，但是，像我这样的军人，永远都不能让箭法超过我的人活下来。"后来，薛仁贵回到家里，看到了他的夫人柳迎春。薛仁贵才得知他正好 18 岁的亲生儿子箭法超群，今天出去猎杀野鹅了。他内心不禁一震：方才被射死的不是别人，正是他自己的儿子！至于后来薛仁贵的儿子大难不死，此乃后话。

如果说舜的故事反映了父子两代人之间不平等的权力关系，那么薛仁贵误杀亲儿的故事，则反映出这种不平等的可怕：儿子对父亲无意的挑战也可能换来杀身之祸！这种悲剧式的安排透露着这样的一种信息：父辈的权威是不能够被挑战的！从这个意义上看来，两代之间并不存在什么对抗，只有父权对子权的绝对压制。这种压制在中国传统文化的语境下，通过孝道的包装而变得合理和应当，铸就了中国人特定的心理行为模式。而孝道更加成为了中国人际关系，尤其是上下级权力关系的基石。

应然即是然：传统文化的盲区

中国传统的社教化强调"应然"，即应该怎么样做，具体而言就是现实中的伦理道德规范要求，如孝道和忠君；而忽略了"是然"，即现实中个人的情绪和内在感受是怎么样的。亦即是说，传统文化重视伦理而忽略心理，并很少考虑伦理规范与现实情感的差距。相反，西方传统的社会化过程强调独立与个性，弘扬普罗米修斯式的反抗精神，重视自我的实现。不同的社会化过程，铸就了东、西方不同的思维和行为模式。就孝道盛行的中国传统文化来说，"应然即是然"的思想造成文化的盲区，更带来认知保守、自我抑制和消极的心理防御机制等影响。

有关孝道研究的资料指出，从当代个性发展的观点来看，孝道具有负面的作用。强调服从孝道的社会化模式，导致中国人认知上的保守和自我抑制；强调道德上的正确，而非心理上的灵敏；强调对父母的服从和报答，而非自我的实现。另外，当文化规范与其心理反应之间存在矛盾，父子之间伦理关系的定位超过了心理关系的定位时，父子关系中容易出现情感疏远、紧张和敌对等问题，促使人们使用消极的心理防御机制。

其中，最为明显的机制是"情感与角色分离"（参看 p46《控制与释放：礼节、真诚与修养》）。采用这种机制时，个体扮演的角色与内在情感的投入并不一致，例如个体在外表上可以是个大孝子，但是内心上却可以对父母缺乏感情。这在社会生活层面上，表现为中国人在处理人际关系的时候，强调"忍"和"察言观色"，缺乏真诚的表达。阳奉阴违、笑里藏刀、口蜜腹剑的消极对抗模式，正是这种"情感与角色分离"的具体表现。

为什么中国人在人际关系中往往缺乏积极的处理模式？从上述关于父子矛盾的传说和故事中，我们可以找到答案：对父权的反抗不仅有困难，甚至会惹来杀身之祸。因此，孝道伦理支配下的父权对后辈具有强烈的震慑作用。这种作用从父权引申到上级对下级的控制中，使下级或后辈对权威具有普遍的恐惧。

显然，认知上的保守、自我抑制和对权威普遍的恐惧，对国人的思想与行为有着巨大的影响。这也造成了反抗精神、自主独立、批判性思维、敢作敢为和创造力在我们的文化中相对匮乏，不利于推动当代中国社会的进步和发展。然而，在此我们必须指出：反抗与批判并非容忍破坏和恶性斗争。反抗与批判必须在理性的引导之下进行，若受到滥用，将不利于社会长期稳定的发展和繁荣。我们借由探讨弑父和杀子的伦理问题，引导人们重视父子两代人的权力关系矛盾，而在家庭和社会关系之中，对理性的反抗与批判精神应多加宽容，使之有利于社会的福祉。

结　语

　　心理学的许多研究表明，父子关系会对个性的形成产生重要作用。违背自己的意志，遵从父亲的意愿似乎才是"孝"。但是，作为独立的个体，任何人都无权决定我们的命运。我们尊重父母的意见，并不意味着要让父母对我们的人生多加干涉。同时，作为父母，我们也要尊重成年子女的选择，对他们可提建议，但没有替他们做决策的权利。

07

哪吒弑父：反抗强权的精神

　　反抗精神在我们的文化当中可谓相当匮乏，能够真正称得上具有反抗精神的人物，在现实生活或故事传说中寥寥无几，而这些反抗的人更是大多下场悲惨。在历史中，明朝思想家李贽不拘小节，离经叛道，但晚年被诬下狱，自刎而死。在小说中，孙悟空不服玉帝，大闹天宫，但最终还是要被压在五指山下，后来纵然获得自由身，仍受到紧箍咒的约束。在传说中，帝舜则根本没有反抗父母的意思。

　　中国传统的父子伦理强调了单向的服从，因此儿子对父亲的反抗时有所见。比如，《红楼梦》中贾宝玉对贾政进行消极对应。但在极端的情况下，儿子也有权力去冲破父权。这种情况可能发生在忠孝不能两全的时候，儿子为保君权而不听从父亲；也可能发生在父亲道德败坏、破坏伦常的时候。这里值得注意的是，儿子对父亲的反抗，前提是父权与其他道德规范发生冲突。然而，具有反抗精神并且受到颂扬的例子尤为罕见，哪吒则是一个反抗强权的经典例子。

故事情节

　　哪吒是《封神演义》里作者最为着力描绘的神话英雄之一，他爱憎分明、富有个性、勇于反抗，与传统文化所要求的"温良恭俭让"的孝子形象大有不同。哪吒原是陈塘关总兵李靖的三儿子，传说是乾元山金光洞太乙真人弟子灵珠子"奉玉虚宫法牒，脱化陈塘关李门为子"，以辅姜子牙消灭商朝建立周朝。

　　哪吒七岁时，有一天到东海口洗澡，却惊动了龙宫。东海龙王派巡海夜叉李艮来查问，发生口角并引发了打斗。哪吒用乾坤圈把夜叉打得脑浆迸流。龙王三公子敖丙气势汹汹赶来抓他，但是又被他用混天绫裹住，抽筋而亡。东海龙王到天宫上禀玉帝，又在宝德门遭到他的痛打，还被他抓下四五十片鳞甲，鲜血淋漓，狼狈不堪。哪吒自知闯下大祸，然而他却毫不在意，还轻描淡写地说是由于"一时性急"。

但李靖对儿子酿成的大祸终究不能释然。他阻止妻子帮助哪吒的亡魂，鞭打其金身，更火烧其行宫。这使哪吒无法容忍，他认为骨肉已经归还父母，便不再相干，如仍要加害，则定成仇敌。于是哪吒经师父太乙真人的帮助，借莲花再度化身成形后，立即下山找李靖报仇。他来到陈塘关直闯帅府，一定要报"一鞭之恨"。李靖不敌哪吒的神力而败走，但哪吒却仍紧追不舍。如果没有文殊广法天尊和燃灯道人先后解救，李靖可能早就一命呜呼。哪吒先亵渎天神，后又忤逆乱伦，这都是难容于人的行为。更重要的是当四海龙王向陈塘关百姓和李靖夫妇问罪，并会有"水淹陈塘关"的危险时，哪吒断臂剖腹，剜肠剔骨，还于父母，表明一人行事一人当的决心。他的极端做法触动了龙王，陈塘关百姓和李靖夫妇因此得赦。在《封神演义》的故事中，这并不影响哪吒后来被尊为天神。

正因为如此，哪吒可能是中国历代传说故事中，儿子反抗父亲权威最不寻常的一个例子。他的传奇经历与爱憎分明的个性得到民间的称许。出生之初，哪吒便没有受到李靖的欢迎。后来，哪吒的许多做法都在反抗这种高高在上的父权：顽皮闯祸给父亲带来麻烦；"割肉还母，剔骨还父"以报恩；后又断绝父子关系。但李靖仍然遵循父权在上的传统，即使哪吒魂飞魄散之后，仍然以父亲的角色教训儿子，对哪吒的亡魂进行惩罚。故事到此，父子之间的权力对抗已经到达白热化的状态。到后来，哪吒恢复肉身之后，首先向父亲寻仇，这种有意识的弑父情节，在中外的故事传说中都是少见的。

心理解读

有意识的弑父行为，使得哪吒成为中国文学上少有的典型极端不孝子。在儒家文化中，父子关系是牢不可破的，拒绝承认父亲是令人无法想象的。更有甚者，哪吒对父亲进行报复，挑起决斗，要把他置于死地，这简直就是大逆不道。虽然如此，弑父行为并没有使哪吒身败名裂。他在书中反而被赋予超越父亲的力量，并最终成为英雄，登上封神榜。

在儒家社会中，哪吒这样的角色怎么能出现呢？首先，《封神演义》的作者主要受道家的思想影响，而不是儒家思想。其次，哪吒不是普通人，他是灵珠子的化身，这种能力使哪吒有能力进行反抗，其他孩子哪里会有这种实力去对抗自己的父亲呢？

但即使拥有非凡力量，作为人，哪吒仍一直受到父亲权威的约束，他死前最后的举动也是在守孝的名义上进行。为了回报父母的养育之恩，哪吒使用归还肉体的极端方式。讽刺的是，自残行为在儒家思想中也是不孝。最终，父子取得和解。但必须注意的是，哪吒是被逼与李靖和解，而不是发自内心的。父子之间的冲突始终没有解决，哪吒心中对李靖仍存有疙瘩。

故事中，哪吒从师父太乙真人处获得诸多帮助，更加得到了情感上的安慰和支持。在哪吒心中，师生关系替代了父子关系。在中国社会中，这并不是孤例，师父或老师往往会起到类似父亲的作用，与学生建立亲密的关系，其亲密程度甚至可以超越与亲生父亲的联系。

家庭关系

在这神话故事中，哪吒与父母的关系有许多不寻常的表现。哪吒的母亲喜爱哪吒，但李靖从一开始就不接受他。从出生的不寻常情节中，已经可以看到李靖对哪吒的抗拒态度。

> 殷夫人后又怀孕在身，已及三年零六个月，尚不生产。李靖时常心下忧疑。一日，指夫人之腹，言曰："孕怀三载有余，尚不降生，非妖则怪。"……夫人睡得正浓，梦见一道人……夫人叱曰："这道人甚不知理，此乃内室，如何迳进，着实可恶！"道人曰："夫人快接麟儿！"夫人未及答，只见道人将一物往夫人怀中一送，夫人猛然惊醒，骇出一身冷汗。忙唤醒李总兵曰："适才梦中……如此如此……"说了一遍。言未毕时，殷夫人已觉腹中疼痛。靖急起来，至前厅坐下。暗想："怀身三年零六个月，今夜如此，莫非降生，吉凶尚未可知。"正思虑间，只见两个侍儿，慌忙前来，"启老爷：夫人生下一个妖精来了！"李靖听说，急忙来至香房，手执宝剑，只见房里一团红气，满屋异香。有一肉球，滴溜溜圆转如轮。李靖大惊，望肉球上一剑砍去，划然有声。分开肉球，跳出一个小孩儿来，满地红光，面如傅粉，右手套一金镯，肚腹上围着一块红绫，金光射目。——这位神圣下世，出在陈塘关，乃姜子牙先行官是也；灵珠子化身。

李靖对夫人怀胎超过三年表现出不满，并感觉夫人腹中不是他的骨肉，而是"非妖则怪"。夫人的梦也值得进一步探讨，梦中的道人亦是男人，莫名奇妙的进入夫人的内室，完全不符合礼教。所以，夫人怒斥"着实可恶"。然而道人确实在哪吒出生的过程中扮演了一个关键的角色："夫人快接麟儿！"夫人把她的梦告诉了李靖，这更加深了他对夫人腹中之胎的疑虑。当哪吒出生时，李靖不由分说一剑"砍去"肉球，难道这是父亲迎接孩子诞生的方式吗？

延伸至当今社会，也有很多男人怀疑孩子不是他的亲生骨肉，一开始对孩子就不接受，更谈不上赋予父爱。更有甚者通过医学鉴定来确定，即使鉴定结果没有问题，也会导致妻子对丈夫的反感，从而导致了很多家庭感情破裂。

哪吒长大后为李靖带来很多麻烦，因此李靖会迁怒于哪吒的母亲。在平常生活中，这种迁怒并不少见，"慈母多败儿"不就是常出自父亲口中，用来将孩子的忤逆归责于母亲吗？

李靖明显是家庭中的权威。例如，哪吒询问母亲是否可以出去走走。出于对孩子的怜爱，母亲允许，但必须"快去快来，恐怕你爹爹操练回来"。对于孩子来说，这种说法表明两点：①在家庭中，父亲有最高决定权；②父亲是孩子必须服从、害怕的对象。而当哪吒死后要求建造行宫时，他会托梦于母亲，而不是父亲。因为知道母亲迫于情感而会帮助自己。这样一来，却将母亲处于尴尬的境地。她只能冒着丈夫震怒的风险，悄悄为哪吒建造行宫。这段情节实则与现实生活中很多情况相似，中国的母亲们，往往夹在丈夫的严厉斥责和孩子的需求间而左右为难，不得不以一己之力在两者之间斡旋。

结　语

从两代人权力关系的观点，可以理清父子之间的矛盾：哪吒为追求从父权中独立和自由，需要反抗强势的父权；而李靖则是父权的代表，始终压制着哪吒的反抗。在这种权力对抗之下，父子之间虽有角色上的关系，但缺乏情感上的联系（参看 p174《父格：为父之道》）。在中国传统文化中，父亲通常带有严父的形象，说是越爱儿女则越约束他们。然而，这反而会加深两代人之间的裂痕。就此，我们不难发现，心理关系与伦理关系两者分离，造成我们文化中伦理道德的一大盲区。

哪吒的故事的独特点还在于，它是父亲与孩子之间直接和正面的冲突，而不是像贾宝玉那样采取更为大众的消极对抗方式。经过长年累月在权威主义下生存的经验，中国人似乎失去了反抗精神。从这个角度看，哪吒的反抗精神是一个变革的转折亮点。

因此，哪吒可以被看做中国神话中的普罗米修斯。但在希腊神话中，普罗米修斯是一个悲剧英雄，他反抗宙斯，为人类盗取火种，最终却得到恐怖的惩罚。与之相比，哪吒却是幸运的，他在中国民间中是以英雄的面貌被传颂着，这或许是中国人反抗精神的另一种寄托。

性别、性爱与两性关系

Part 3

男尊女卑：中国社会中的两性关系

两性关系决定于历史、文化与社会对男女角色的定位。在大多数文化中，妇女的社会地位及其对自身社会角色的认同方面，通常表现出与男性相对不平等的状态，在中国社会尤为如此。一项以大学生为对象的调查①结果表明，在是否喜欢自身性别的选项中，15.6%的女性选择了"不喜欢"，仅有 2.6%的男性选择了"不喜欢"。在选择性别的选项中，男性选择"愿为男"的达到 66.1%，女性也有 42.8%"愿为男"。以上数据表明，中国女性对自己性别的喜欢程度较男性低，存在不喜欢作为女性的倾向，并有很大比例倾向于愿作为男性。

重男轻女

我们通常认为，这种倾向的来源之一便是中国自古的重男轻女传统。过去人们会怎么样去安慰那些生了女孩的妈妈呢？他们会说"先开花，后结果"，即安慰他们生了女孩后会有更大的机会生男孩。当然这是没有科学根据的，这么说只是为了安慰那些母亲，因生了女孩而承受着来自家族、社会等生育男孩以"传宗接代"的压力。

直至现在，对生男孩的渴望在中国社会里仍非常普遍，尤其是在与现代文明较少接轨、文化程度相对落后的地区。综观整个中国大陆新生儿的性别比例，与世界上其他国家相比，已达到了世界最大的差距。根据 2005 年的人口普查结

---

① 刘达临. 1992. 中国当代性文化——中国两万例"性文化"调查报告. 上海：上海三联书店.

果，比例是 120 个男孩比 100 个女孩。在部分地区，允许如果第一胎是女孩，便可再生一个孩子；而第二胎的比例更是达到惊人的数据，143 个男孩比 100 个女孩。这些数据所揭示的，是令人难以想象的社会现象，即必将引发若干年后的"婚配问题"：数以百万计（约五分之一）的婚龄男子，将会没办法结婚成家。试问社会又应该怎么处理这种偏差？

无法成家给男人带来的挫败感是可想而知的。从心理学的研究中我们可知，这样的挫败感会增强个体的敌意及攻击性行为，对社会安定产生不可估量的冲击。当然，性别比例的差距也提供了一种可能性：在未来，女性会远比男性"有市场"。这将对中国男女关系起到革命性的影响。

儒道的两性观

儒家的男尊女卑

重男轻女的情况，很大程度上要与我们的历史文化背景相联系。这里，我们只能作简略的表述。在儒家男尊女卑、礼教、贞节思想中，两性基本上属于隶属关系。自汉以后，女子婚后就与丈夫成为从属关系。女性的本名被废止，冠夫姓加上"氏"来称呼。在儒家传统两性角色定位中，男性是严肃、严厉及权威的象征，女性则担当照顾家人的角色。家庭分工"男主外，女主内"，各司其职，各行其是。男性负责家庭与外部社会的连接，承担家族存续的责任；女性只负责家庭内部的职责，"大门不出，二门不迈"。

此外，对女性还有各种各样的约束，例如"女子无才便是德"和"三从四德"。《仪礼·丧服》曰："妇人有三从之义，无专用之道。故未嫁从父，既嫁从夫，夫死从子。故父者子之天也，夫者妻之天也。"《周礼·天官·九嫔》曰："九嫔掌妇学之法，以教九御：妇德、妇言、妇容、妇功。"对女性的苛求莫过于性道德方面。《礼记·内则》曰："七年，男女不同席，不共食。"而孟子则肯定"男女授受不亲"是"礼也"（《孟子·离娄上》）。

初始，家长对女子仅是言行上的规范和克制，自汉代以后就逐渐发展为弱化女性地位的体制，并在宋朝时期初步成形；直至清代，这种体制已发展成为一个枷锁，牢牢地卡在女性身上。从现代心理学角度看，此种体制，是对女性个人成长、独立及受尊重需求的漠视。

儒家对性欲是比较接受的，将性爱与饮食摆在同等重要的位置，只不过必须受到礼教的约束（参看 p88《走入禁区：性欲与性爱》一文）。与之相比，基督教倾向于禁欲，并把性欲与罪恶连在一起；与清教徒对性欲极端的压抑相比，更不用说了。现代的青年男女请不要忘记，在一段长期的历史岁月里，中国人对性欲接受的程度，是远远超过洋人的。

道家之阴阳相生相克

道家，特别以老子与庄子为代表，与儒家的男尊女卑、礼教、贞节的思想相比，可说是南辕北辙的。道家说阴阳相生相克；阴阳之间相互依存、相互制约、相互转化，对立而统一。孤阴不生，独阳不长，男女亦然。所以，两性关系是阴阳互补、相辅相成的，而不是隶属关系。

道家把男欢女爱视为阴阳交配、天地交合之表现，是最自然不过的。白行简（白居易的弟弟）所撰的《天地阴阳交欢大乐赋》是杰出的代表作，直到二十一世纪的今天，依然闪耀着它的光辉。其中许多观点都具有前瞻性，与现代健康心理学吻合；但却与儒家"戒之在色""养心莫善于寡欲""清心寡欲""寡欲精神爽，思多血气衰""存天理，去人欲"这类主张形成鲜明的对照。

在阴阳互补宇宙观的基础上，引发出了诸多"房中术"著作。唐代著名医学家孙思邈在《备急千金要方》就有相关论述，虽然文中仍难以脱离以男性中心为出发点："夫房中术者，其道甚近，而人莫能行其法。一夜御十女，闭固而已，此房中之术毕矣……此方之作也，非欲务于淫佚，苟求快意，务存节欲以广养生……善摄生者，凡觉阳事辄盛，必谨而抑之，不可纵心竭意以自贼也。"

从现代医学与健康心理学角度看，房中术之所谓养生功效切不能尽信，特别是"交而不泄，还精补脑"等说法。经常有正常的两性生活，更有益于身心健康，促进双方感情；性高潮有利于舒缓紧张，强化心脏，预防心脏病等功能。

小说与电影

下面，我们对小说及电影中的两性关系进一步探讨。小说中的两性关系较真实地反映了现实生活中的男女关系。"狐狸精"在小说里屡见不鲜，是对善于勾引男性的女性的统称。无论是古代小说还是现代小说，无论是正面还是反面角色，毋庸置疑的是，"狐狸精"是代表极具魅力的女性。

聊斋中"狐妻"的女性形象，大多数不请自来、美貌妖媚、才智过人、坚贞无二。她们能够辅助男主人公解决各类问题，甚至能够促进个人、家族乃至社会的繁荣，这就是那时文人们心目中理想的异性形象。可这是以男性视角出发的观点，并未兼顾到女性的需要及考虑到女性的角色。

试想，若男性都抱有这样的想法，女性该如何定位自己的形象，男女关系又将趋向以何种形式存续？是否，女性就要成为"狐妻"，集聚"狐媚"与"女强人"于一身的完美？男性若仅有接受女性施与，而无对女方奉献，是否会发展成倚靠女性，甚至无能的弱者？这样纯粹单方要求女性满足男性的方式，绝非有利于两性关系的良性发展。

艺术源于生活，又高于生活。艺术表现的内容、形式往往是大众行为及意识的缩影。我们试着将二战后和当今的电影角色内涵进行对比，可以看出两性社会角色定位的改变。二战后电影主要是指 1949—1978 年的电影，其角色的定位基本如下：

> 男主角：乖乖男、孝顺父母，但优柔寡断、懦弱、不懂情趣；
>
> 女主角：贤妻良母型，处事能力和手腕较强；
>
> 男反角：阴险狡诈，卑鄙，狠毒，但足智多谋；
>
> 女反角：有活力，风趣可爱，颇具魅惑力的"狐狸精"。

以上定位所传达的两性意识，依然遵循传统形象的要求，对男性正面定位是"孝"与"顺"的形象，而对女性则是"贤"与"惠"。这种角色定位倾向于尊崇传统儒家思想的要求，因而缺乏对个体人性的重视。对那些趋向人类"原初"状态、充满性魅力的男女，则多数将其定义为反面角色。

进一步的深入分析可以揭示，上述对女性的角色定位反映了在男性的眼中，纯洁的女子是追求及爱的对象，而纵欲的对象是一个性感、放荡的女子。男性往往不能接受贤妻良母型的妻子同时也是性感、具有魅惑力的"狐狸精"。这正是"圣母情结"（Madonna Complex）的一种表现，即欲者不爱、爱者不能欲（参看 p100《文化交流的互动：观音的形象为何在中国被女性化？》）。

由于西方思想的广泛传播及媒介信息的快速传递，现代社会呈现出多元文化交融的特征，同时出现诸多新颖的诠释方式，表现出与以往迥异的风格。例如，电影中男性的形象起了一百八十度的转变，从懦弱转变为阳刚，譬如武打片的兴起就是一个很好的例子。女主角则常以独立、自主、性感的形象代替了贤妻良母的形象。

虽然在许多粗制滥造的电影中，男主角仍然是好打好杀、女主角则卖弄风骚，但是，好勇斗狠，切不可谬解为是一个成熟男士所具有的刚毅和内在勇气；同时，脱衣、露点、牺牲色相，并不能与女性所具有的独特魅力画等号。

追上潮流

从中国传统中两性关系的角色定位和家庭分工分析，女性在大多数情况下仍处于弱势。一方面是女性的地位不断降低，甚至以附庸男性的角色出现。另一方面，中国传统社会推崇礼制和抑制欲望，使女性越来越自我束缚、压抑、隐藏自己原初的性魅力。

今非昔比，女性的社会地位已经大大提高。然而，社会对女性仍然存在很多不公平之处，比方说，当一个女性展示她的女性魅力时，她很可能成为周遭人们打击和贬低的对象。时至今日，舆论大众对男性和女性的社会交际评价和包容度仍然不对等。两性间各自的性表达方式、需求满足度和权利等方面也存在很大的差异，因而出现了男人可以"风流"、女人则不能"水性杨花"的失衡局面。

我们遵循心理学的原则，认为只有在平等的基础上，才能建立健康、互补和协同的两性关系；进一步说，男女平等是人类迈向文明发展的一个标志。伴随着旧体制的瓦解和新体制的建立，当今社会中，女性地位有所提升，人们对女性角色的要求，也从贤妻良母逐渐递进到具有个人独特魅力的形象需求；女性原初的魅力也被逐渐发掘，这也体现在婚内的性关系上。越来越多的女性慢慢懂得如何做一个既有性魅力的时代女性，又不失为一个贤妻良母。那么，男士们有没有跟上这潮流呢？

结　语

许多读者最关心的应该是，如何从理论到实践改善两性关系。我们想请读者在参考《提升生活质量的应用心理学》部分之外，读读以下短文。它是作者何友晖在总结历年婚姻辅导经验后所得之精髓，简要表述如下：

1）最有福的人是谁？使他人快乐，同时也给自己带来喜悦的人。

2）爱之先决条件，就是要接受极度的失望，将其视为生命的一部分。

3）先付出，后收获：与其要求对方爱你，到不如你先爱对方多一点。

4）当你对爱不再强求时，爱也许会悄然而至。

5）爱的情趣在于日久常新，天天打情骂俏。

6）当对方把你的言谈举止都已深深地烙印在脑海里，他/她会离开你吗？

7）接受对方，不要总是奢求改变他/她；当接受达到极致，甚至他/她的缺点也会让你觉得他/她更可爱。

8）幸福的极致，则是你爱他/她深于爱自己。

9）忘却自我，与对方交融，成为一体。

10）这对爱侣便是有福了，因为他们彼此相爱，表里如一。

在西方的自我心理学中，自尊、自我形象、自我概念等占有枢纽的地位（参看 p125《高级认知：人类独有的智能》）。自尊是心理健康的一个重要指标，对这一点我们没有异议；但是，我们认为这观点不足以把两性关系推向高峰，因为它把焦点放在个体、而不在相互关系上（参看 p57《关系网中的"我"：中国社会心理学》）。很明显，上述短文突出的是相互关系，而不是个体；着重关注对方，而不是自我。我们受佛家思想的启发，认为达到最高境界的个体不但无私，更是无我。在无我的状态下，我们可以真正的忘却自我，顺其自然地接受对方，把感情投向对方，爱对方。

走入禁区：性欲与性爱

性欲与性爱这个主题，既有吸引，又会引起尴尬。尴尬导致避讳，建立禁区；禁区只会滋生无知和误解。在这一节，我们与读者携手，在面对性欲与性爱之好奇心的吸引下，闯进禁区，接触到自慰、同性恋、婚前与婚后性爱等敏感问题。我们会提供一些相关的数据，澄清误区，提高我们的知识水平。最后，我们会从精神分析的视角，解读儒学中的性爱观。

冲入禁区

对于许多中国人来说，接触到性欲与性爱这话题仍然是尴尬的。那么，让我们先引用《红楼梦》（八十回校本）第九回描写青少年同性恋、争风吃醋的情境来进入话题。

贾宝玉、秦钟、薛蟠等人去家塾读书，塾中虽都是本族人丁与亲戚的子弟，但未免人多了，龙蛇混杂，便有下流人物在内。薛蟠正是因塾中广有青年子弟，动了"龙阳"之兴，假来读书，只图结交一些"契弟"的。塾中更有两个多情的小学生，也不知其真实姓名，只因生得"妩媚风流"，满学中都送了他两个外号，一叫"香怜"，一叫"玉爱"。宝玉、秦钟二人来后，香、玉也留情于二人，学堂内更添色彩："每日一入学中，四处各坐，却八目勾留，或设言托意，或咏桑寓柳，遥以心照，却外面自为避人眼目。不意偏又有几个滑贼看出情景来，都背后挤眉弄眼，或咳嗽扬声，这也非止一日。"一天，司塾贾代儒有事早已回家。秦钟和香怜趁机挤眉弄眼，递暗号，假装出小恭，去后院说私己话，不巧被窗友金荣撞见，饱受抢白。后来金荣还一口咬定说："方才明明的撞见他两个，在后院里亲嘴摸屁股。两个商议定了，一对一奤，撅草根儿抽长短，谁长谁先干。"跟着因种种是非，争风吃醋，把事情搞得复杂了。最后是一场好戏，众顽童动手打闹起来，弄到几乎不可收拾。

这段话实在太精彩了，在中国文学里是最生动且真实不过的。它描绘之生动，与枯燥乏味的学术调查研究用数以百、千甚至万计的抽样得到一大堆难以消化的数据，形成鲜明的对比。它所描绘的大部分是情，而不是欲：多情、妒忌、争风吃醋在同性恋中也存在。

性取向与性别认同

首先要澄清的是，同性恋是以性取向（sexual orientation）而不是以性别认同（sexual identity）所界定的。性取向是指性对象的性别，可以是同性、异性或双性的；性取向可能在不同的发展阶段或情况下有变化，所以我们不可以把有同性恋倾向或行为的人，与定型的同性恋者划成等号。总之，同性恋者绝对不是一个简单的同质类别。性别认同指的是个人对性别的自我认同，即感觉自身是男人还是女人。性别认同与性取向没有一定的联系。例如，一个男子觉得他自己是一名男子汉，而引起他性冲动的对象可能是男的，也可能是女的。

看完《红楼梦》这段话，我们就再没有必要对同性恋（特别是在青少年时期）有什么大惊小怪了。同性恋是人类性生活的一部分，不能从总体分割开来。进一步说，根据当代的一个学术流派，在生理和心理各方面，每一个人在不同程度上都是一个雌雄同体（androgyne）。而事实上，同性恋行为本身并非变态这个观点，已经成为世界各国精神病理学里的共识（参看《澄清误解：我是否有心理问题？》一节）。

对"污言秽语"的避讳

《红楼梦》对使用"污言秽语"是完全没有避忌的。例如，作者多次用了"奤"这个字，在书写语文中十分罕见，甚至在多数词典中也找不到。反而，"交配、交合、性交"等词语，在中国有关性爱的书写语文中很容易找到，而听起来这些都是比较文雅的。这说明两点，第一，中国人在书写时是有避讳的，尤其是在上流社会的文化中；对经典、学术文献等严肃的书写语文尤为严厉。《红楼梦》是一本小说，是属于大众文化的，没有那么"严肃"，所以避讳的需要较弱；正因如此，便给写实提供了有利条件。第二，口语和书写语有基本的不同，需要避讳的程度远远较低。于是，有较大的空间容许"污言秽语"出现，譬如，对骂娘的脏语而言，口语比书写语丰富得多，尤其是在广东一带（北方相对较为贫乏）。

现在我们谈谈避讳在翻译中对书写语所引起的作用。《红楼梦》有不少的英文翻译版，可惜的是，一些版本以避重就轻的手法处理其中的"污言秽语"，于是就失真了。"造爱"显然是从英语"make love"借用过来的，听起就没有中文相关的书写词语那么文雅。

在英语中，"fuck"这个字是最为常见不过的。但是到了中国从事翻译的专家们手里，却有可能搞成面目全非、含糊不清，误导读者。例如，《新英汉词典》（1975 年香港出版）把"fuck"翻译为"欺骗、利用、混账、滚开"等，却没有明示性交这一核心意义。而在《英汉四用词典》（1984 年香港出版）中，根本找不到"fuck"这一条！我们认为，无论在语意或字形结构方面，"𡰪"就是最贴切的翻译；"𡰪"是动词，含有插入之意，与英语的"fuck"相符合。英汉词典既然如此，汉英词典也不争气。我们查阅了数种，包括颇有权威性的《最新林语堂汉语词典》，结果发现里面都没有"𡰪""屄""屌"这些条目。词典都这样做，中西文化又如何交流？这都显示避讳已达到的程度，是何等可笑而又可悲。

国人对性爱的知识与态度

澄清误区

人们对性爱的知识水平不足，往往有很多误区。例如：

误区一：男性较女性更为享受性爱。但马斯特斯与约翰逊（Masters and Johnson）早在 1966 年的《人类性反应》一书中就指出，实验研究显示在生理上，女性基本的性反应能力超过男性，能有多次性高潮，直至精疲力竭的极限。

误区二：人达花甲之年，已经没有性生活的能力了。事实上，人类的性生活，可以维持到七十岁或以上。

误区三：自慰（手淫）是对身体有害的，会造成智力衰退、神经衰弱或错乱等后果。在一项调查[①]中的数据显示，仅有 10.8%的中学生认为手淫"是正常行为"。在接受调查的已婚夫妇中，在城市仅有 13.1%的人认为手淫是"很自然的现

① 刘达临. 1992. 中国当代性文化——中国两万例"性文化"调查报告. 上海：上海三联书店.

象"，而在农村比率则仅有 9.6%。事实上，当代医学界已达成共识，自慰本身对身体健康并没有什么害处；只不过，如果个人对自慰行为有强烈的矛盾，则可能产生心理困扰。

婚前与婚后的性行为

在儒家观念的影响下，大多数中国人对于性、爱和婚姻的看法相对趋向于保守（参看 p95《性、爱与婚姻：中西文化下的亲密关系》）。但是伴随着各种新观念的进入，人们的看法亦有所改变，尤其是在沿海一带，改变的速度令人吃惊。一般说来，教育程度越高，性态度越开放。一项调查报告[①]提供了一些大学生对婚前和婚后性行为态度的数据（表 3-1），我们对这些数据的解读表述如下：

表 3-1 大学生对婚前和婚后性行为接受的比例 （单位：%）

条件		男	女
婚前性行为	"基于爱情就可以"	40.5	45.2
	"双方愿意就可以"	46.0	21.0
婚外性行为	"基于爱情就可以肯定"	33.0	28.2
	"只要配偶容忍，其他人不干涉"	28.7	26.2

1）一般而言，无论对婚前或婚后的性行为，大学生接受的程度已相当可观，反映大学生对性爱持有较开放的态度。

2）一般而言，大学生接受婚外性行为的程度，比接受婚前性行为较弱，符合在其他国家调查获得的结果。

3）一般而言，男性的接受程度比女性高。在婚外性行为这方面，男性"偷吃"的倾向强于女性。

4）但是，男性表示可以接受"基于爱情"的婚前性行为，比率竟然低于女性。这是一个不常见的结果。显然，女性较男性更注重爱情的因素。

5）另外，女性接受婚外性行为（在"只要配偶容忍，其他人不干涉"的条件下）的比率，竟然超过接受婚前性行为（"双方愿意就可以"）的比率！这些数据不符合其他研究的结果，也是一个耐人寻味的结果，女大学生是否已当了性革命的先锋，而将会对伦理和家庭关系带来冲击？

---

① 刘达临. 1992. 中国当代性文化——中国两万例"性文化"调查报告. 上海：上海三联书店.

儒学的性爱观与精神分析的解读

《礼记·礼运》篇说："饮食男女，人之大欲存焉；死亡贫苦，人之大恶存焉。故欲恶者，心之大端也。人藏其心，不可测度也。美恶皆在其心，不见其色也，欲一以穷之，舍礼何以哉？"

现在，我们试图从精神分析的角度来解读这段话。精神分析的鼻祖弗洛伊德曾提出，生命本能（life instinct）与死亡本能（death instinct or Thanatos）是人类两种最基本的本能。生命本能含有的性爱（eros），是生命、爱情、创造等一切的原动力。弗洛伊德所指的是广义的性爱，不是狭义的性欲。小孩生下来，呱呱落地后吃奶，便是性爱的开端，名为口欲；男女交欢，是性爱直接的实现；性欲通过升华（sublimation），便成为创造文学、艺术，甚至一切代表文明的动力，是性爱的间接实现。许多对精神分析的误解、批评，都是源于没有弄清性爱之广义与狭义的区别，这常见于有关心理学的书本里。死亡本能则是人类好勇斗狠、敌意、破坏、残暴、虐待狂等的原动力。可以见到，生命本能相应"大欲"，而死亡本能则相应"大恶"。

礼教是生命活力的克星

弗洛伊德认为，文明是建筑在克制性欲的基础上的。若是没有克制，人欲横流，人们为所欲为，文明哪里有机会萌芽、继而发展？这论点与儒家思想不谋而合。可是，克制本来就不是容易做到的，有谁那么愿意放弃性欲的满足？正如孔子所说，"吾未见好色如好德者也"。孔子倡导礼教，强调"克己复礼"，因为礼教是制度化的克制。可以说，礼教对冲动控制的完整和效能，是有史以来在世界各文明中首屈一指的。

到了宋儒的理学家手里，因其沿袭了佛学中色戒的观念（如"色字当头一把刀"），于是对性冲动的控制就变本加厉。朱熹说："圣贤千言万语，只是教人明天理，灭人欲。"在这样的极端思想的影响下，曾国藩曾觉得"闻色而心艳羡"是"禽兽不如"的表现。一个人把自己当成道学家，长期自我抑制，是会导致心理驽钝失衡的。直至清末，中华民族好像是失去了生命力！看看相片中的人物，男的个个正襟危坐，目不斜视，呆若木鸡；而女性的性魅力，则好像隐蔽得荡然无存了。

我们不禁要问，"灭人欲"可能吗？就算是可能，有什么好处？从精神分析来看，答案是不可能的，而且有害。人欲是有生理基础的，不可以说要除去便消失而不复存在，所以"灭人欲"只会造成严重的矛盾和心理困扰。色欲之诱惑是奇妙的，越禁则越有吸引力；反过来说，需要动员压抑的力度越大，则表示诱惑力越强。这是精神分析的常识，于是我们不难想象，隐藏在道学家们心中的深层里，意欲"穷窥"女色的诱惑有多大、抗拒诱惑的挣扎就有多强。

性欲升华的理论在精神分析中占有扼要的地位，它接受性爱为生命的原动力，把人欲导向有建设性的活动，要比"灭人欲"高明。若是真正的"明天理"，则绝不会"灭人欲"，这是我们的结论。

在礼教的背后是恐惧

礼教对女性的压抑要比对男性强得多，所谓"饿死事小，失节事大"。为什么？儒学先贤早已洞悉，女色对江山社稷构成极大的威胁。难道妹喜、妲己、褒姒等扰乱朝纲没有历史教训吗？的确，女性的威力对男人实在是太大了，正所谓"英雄难过美人关"。于是红颜祸水这个观念，长期以来存在于人们（包括女性）的脑海里。这当然是推卸责任的托词。

从精神分析的角度看又如何？我们的答案是：在礼教的背后是恐惧！男人在心底里，对女人的性能力存在着恐惧。上面已提过，在生理上，女性性反应能力超过男性。一旦女性不受约束，解放了，失控了，后果将不堪设想。男人的性焦虑是什么？是"我有能力满足我的女人吗？"男人最怕的是什么？当然是"戴绿帽"，当了"王八"，被人耻笑。中国人最厌恶的，莫过于"奸夫淫妇"，绝对不能容忍，要"浸猪笼"；这亦反映出中国男人对当"王八"的极端恐惧，于是礼教的出现让男人压制着家里的"敝眷"，给他们带来强有力的保险。

文明的代价

在《文明与它的不满》里，弗洛伊德说道[①]，文明的建立是有代价的，那就是人类的普遍精神困扰。根据精神分析理论，性欲被长期压抑，而又缺乏宣泄之渠道，是导致精神困扰的主因。一个心理健康的人，找到了压抑与宣泄间之平衡点，既有足够的冲动控制能力，避免与社会的规范和法律发生冲突，而又能得到欲望的满足。

儒学始终没有说明"大欲"与"大恶"间的关系。有些精神分析理论家认为，恨是由于寻求爱之情与欲无法实现，继而由挫败感而产生的（"Hate is love

---

① Freud S. 1928. The future of an illusion. London：Hogarth Press.

grown angry due to frustration."），所以"爱之愈深，恨之愈切"——亦即是说"大欲"是"大恶"之根源：

> 万物皆有情，
> 情生爱，
> 爱生恨，
> 恨中带情，
> 循环不绝。

另外一点，也是最重要的一点，礼如何"穷"藏在心里的欲与恶？这是儒学的一片空白。精神分析填补了这个空白，提供了一套完整的理论和方法，去穷窥藏在心里的欲与恶（参看 p46《控制与释放：礼节、真诚与修养》）。正因如此，精神分析在心理学、人类学、美学等各领域都有极大的影响和贡献。它的概念如"潜意识""恋母情结""阉割焦虑""防御机制""本我、自我与超我"等，已成为我们日常生活的惯用语。弗洛伊德之伟大，不在于他的理论正确与否，而在于他大胆提问，提出前人从未深入想过或不敢提出的问题，这是"前无古人"的创举。

结　语

上面我们品评《红楼梦》作者所用的词语如何写实。我们对避讳简略的分析，是从社会语言学（sociolinguistics）的角度进行的。其涵盖的广义，是指语言的应用如何受到文化与社会因素所影响，而又反映到社会与文化的情况，这将有助于打开避讳的种种禁区。我们相信，语言寓居于世，活在人类的思想中，只有从人们的生活中吸取滋养才有生命力；而像《红楼梦》这样伟大的文学，只能使用具有生命力的语言才可以完成。

本节也采用了另外一个重量级的分析方法，那就是神经分析，去解读儒学的性爱观。我们对儒学多方面的批判是尖锐的，也是有必要的。因为有了尖锐的批判，我们才会进行深入的反思，放下对同性恋、女性的种种误解与偏见，从而获得思想的解放。我们要学会怎样达到冲动控制与满足欲望之间的平衡点。这样，我们就会争取到更大的空间，去充分享受人生中的性和爱。读者们，展现在我们面前的景象是美好的！

性、爱与婚姻：中西文化下的亲密关系

两性关系可以从三个方面来看待，即性、爱与婚姻，犹如跑道上的俄罗斯"三套车"（troika）。按数学原理，这三套车的先后排序会有 6 种可能。

1）先有性，后有爱，然后结婚：风险大！

2）先上床，被逼结婚，再培养感情：无奈！

3）先坠入爱河，结婚前拒绝上床：守规矩还是好事多磨？

4）坠入爱河，忍不住婚前水乳交融：现今越来越多青年男女的经验。

5）先结婚，后相爱，然后才有肌肤之亲：急坏了——漫长的等待，却不乏对婚姻有益。

6）先成亲，洞房花烛夜，然后慢慢培养感情：旧中国绝大部分两性关系的写照。

按数学原理又可以将两性关系分为 8 种类型：

1）有性、有爱的婚姻：有情人终成眷属，世人向往，羡煞旁人。

2）有性、有爱而不结婚：婚外情之类。

3）有性、无爱的婚姻：如封建社会奉父母之命、媒妁之言而成亲。

4）有性、无爱又不结婚：性工作者、性奴、性伴侣等。

5）无性、有爱的婚姻：两地分居、相濡以沫、身体不健全的夫妻；再叹爱情之伟大！

6）无性、有爱又不能结婚：有缘无分，棒打鸳鸯散，如梁山伯与祝英台的悲剧，还是崇高境界的男女关系？

7）无性、无爱的婚姻：爱已枯竭，婚姻到了无可挽救的冷战阶段，名存实亡，另一种悲剧。

8）无性、无爱又无婚姻：阁下不沾尘世一尘一土，可以出家修行去。

上面的分类更多是带着与读者开玩笑的意味，下面我们将较严肃地讨论性、爱与婚姻这些人生中永恒的主题。在不同的国度之中，人们因文化不同而对性、爱和婚姻的看法有异。例如，在中国人的社会中，谈恋爱是两个人的事，结婚则是两个家族的事情了。

在当今社会中，人们认为异性亲密关系的社会规范，源自于一个基本的道德观点，即性、爱与婚姻的三结合原则。按照这个原则，婚后性关系只被允许在婚姻之内，对象仅有一个；婚外的性行为则被视为通奸、不道德，必须严加禁止。这个道德观点，在法律制约之下，就更将其约束行为的作用加剧并巩固了。例如：在香港，当通奸行为不能被为夫或妻一方所容忍时，就可以将之作为离婚的法律根据；此外，自一九七一年开始，香港法律上便明文规定，将多妻制列为不合法。

基于性、爱与婚姻三结合原则，也可给婚姻关系下了一个定义。在婚姻方面，这个定义包含着双方全面的付与、彼此独有（即夫妻之间，决不能有第三者存在），以及两人间保持连续、持久和相互的关系等几个必要条件。所以，当男女双方进入婚姻时，已处于这严格的要求之内。

三结合原则的含义

关于三结合原则，有两点是值得特别注意的。

第一，这原则受到时间和空间的限制，并非从古至今在任何一个社会均是被接受的。人类学家告诉我们，虽然婚外性行为几乎普遍地遭到谴责，但婚前性行为却被大多数的社会所容忍（参看 p88《走入禁区：性欲与性爱》）。在传统的中国社会中，性、爱及婚姻是完全可以分开的——至少对于男人如此，他们可以分别与不同的对象发生关系，除了要承担起传宗接代的家族责任外，还有与妻妾以外的女性发生关系的特权。在这样的性与婚姻中，爱只是附属品。一个男人往往既可以有妻妾生儿育女，又和女仆、妓女有性关系，甚至还可与其他女性相爱。

第二，当人们讨论到有关性的问题时，通常缺乏诚实、开放的态度。而且，不能否认的是，双重的道德标准分别存续于对男女性行为的看法。虽然三结合原则一向为道德家们所推崇，但人们的所见所闻，却往往与道学家的教导相抵触，从而导致青年人感到困惑。由此或许我们可以理解，为什么许多青年人带有犬儒主义的态度去讥诮嘲讽，认为高谈性道德只不过是一种虚伪的表现。

性革命的冲击

在 20 世纪 60 年代中，美国社会对性和性道德的观念起了剧烈的转变。在这个被称为"性革命"的剧变中，什么是可以做或不可以做的传统界线模糊了、松懈了，甚至消除了。口服避孕药等避孕方法减弱了性与生育之间的连带关系，为性革命提供基础。三结合原则严重地受到性革命的威胁，使男女关系的本质起了根本性变化。性不但从婚姻的束缚中解放出来，也脱离了亲密和情感的基础；在性革命中，性冲动获得满足被视为不可侵犯的权利。许多新性道德观的热心推崇者坦白表示，对成年人而言，只要大家同意（不一定是一男一女），"任何事都可以做！"有些人为求得到在婚姻中才能获致的伴侣、关系、亲密情感及性欲满足等需求，就以同居、群体生活等方式来代替婚姻。作为一个社会制度，传统的家庭形式受到极大的冲击。

以西方的标准来看，中国对性道德及婚姻的观念仍然是相对保守的。但性革命对青年人的冲击，却有日渐强烈的趋势。于是，青年人感到无所适从。在原则上，他们受到道德教条的约束，必须坚持做到性、爱与婚姻之结合。但在传统的中国社会中，三结合并无稳固的根基，也没有得到文化的支持；而且，事实上人们的实际行为严重地违反了三结合原则。结果是这个原则在尚未生根之前，就已受到了西方性革命的威胁。

那么，在这样的情况下，应如何处理青年人的无所适从呢？我们的主要关注点是，三结合原则是否仍须被视为道德的准绳；抑或，这准绳是否应调整得与现实较为接近，以配合正在快速转变中的社会情况。

我们认为，性、爱与婚姻三者的真正结合，才可使男女关系达到圆满。在不同的关系中获得单一满足的总和，仍无法与由一个整体关系中所获得的全面满足相比。虽然三结合的要求甚为严格，但它确能给人们带来最大的幸福。而且，从基本的考虑来说，在大多数情况下，三结合是维护家庭完整的道德基础。若家庭制度受到破坏，社会本身亦会增大崩溃的可能，这也是许多人所担忧的。

另一方面，正因三结合被认为是男女关系所能达到的最佳境界，问题也就随之而来。事实上，到底有多少人已经达到或有希望达到此最高境界呢？但道学家们却认为三结合不单只是一种理想，也是所有人必须遵守的行为准绳。即使在婚姻中，人们无法获得整体满足时，也被禁止从其他关系中寻来片面的补偿。难以避免的是，仍然有人宁愿在心理上去承受内疚的压力，以偷偷摸摸的方式继续去挑战准则。

道德判断的准绳

可是，如果人们能在不同关系中寻找部分的满足，且不必担心道德的谴责，这是否会让人更显得真实呢？当然，婚外性行为是很难让人接受的。但譬如像红颜知己或蓝颜知己等情感上的亲密朋友，是不是必须在婚后疏远或断离呢？人们追求幸福的权利，是否必须严格遵循三结合原则，并交到道学家们的手中去评判呢？这都是我们需要去思考的问题。

毫无疑问，道学家们仍会继续坚持他们的观点，认为不论有无爱情的成分，婚前性关系均属不道德，对婚外恋或性关系亦持同样的态度。但教条式的性道德，只能给予人们一些绝对而简单的规则，以及列明哪些行为可做或不可做。但是在当今社会转变加速之时，这种性道德已经无法适应当前的环境而适时调整。

于是人们便需要提出许多更为复杂的问题。例如，在男女关系中，性行为究竟扮演了什么样的角色？两人之间的关系，是否可借性行为而使之更为互信和亲密？或者反而会令两者关系转为冷淡，甚至疏远？两人之间的性关系是成熟的表现，还是一种自私或剥削？事实上，判断性行为的准则与判断其他行为的准绳基本上并没有什么区别。简言之，只有在考虑到伴侣之间的诚实、责任感、相互关系等问题时，对性行为的道德判断才具有切实意义。

个体在亲密关系中的定位：中西方的对比

在《关系网中的"我"：中国人的社会心理学》一节里，我们谈到西方强调个体的独立性，而中国社会则重视个体在关系网中的定位。那么，中西文化关于个体在亲密关系中如何定位又会有什么不同之处？

在此，我们试以煎鸡蛋的方式来简述这个问题。一般说来，在西方煎的是两个分开的煎鸡蛋，每个都有一个"太阳"在中间；也就是说，在亲密关系中，双方都保持一定程度的距离和独立性。而在中国人的心目中，亲密关系的至高境界就是水乳交融——犹如炒鸡蛋，两个蛋黄都不见了。可是，在日常生活中，水乳交融的境界不太可能无时无刻地持续。

如何把西方的尊重独立和中国的水乳交融理想并合，两者兼得？对此，我们建议用另外一种方式去煎蛋。一对恋人就像是两个生鸡蛋，彼此保留一定的独立性，即使打破后倒在碗里，依然未融结为一体。但是上火煎烤后，就会变成一个具有双太阳的漂亮煎鸡蛋。如果把蛋黄代表恋人独立的个体，蛋白则代表他们的交融，成为二位一体。一对恋人彼此独立而又互相依存，这就是另一种个体在亲密关系中的定位，也是崭新的相处模式。

结　语

追求"性，爱情和婚姻"三者的完美统合，是人们长期以来的美好愿望，也是读者们要探索的目标之一。可叹的是，这目标不易达到。因为，我们可以断言，世上并没有比亲密的男女关系更难于好好处理。但我们无需放弃，因为追求完美的过程本身就是具有意义和乐趣的。

最后，我们提供了一种在亲密关系中如何相处的模式，以达到彼此独立而又彼此依存的理想。重要的是，这理想在结婚以后能否实现和继续？答案：不容易！正如俗语所说，"相爱容易相守难"。敬请读者牢记，要维持理想状态，就需要相互不断地努力；出现问题就要处理，不要积怨。

文化交流的互动：观音的形象为何在中国被女性化？

佛教传入中国至今已有两千多年的历史。在华夏文明中，如要给佛教众神的知名度做个排名，观音大概可以名居前茅。那么观音是何方神圣？这也许是永远考证不清的话题，但有一点是清楚的：大慈大悲救苦救难的观世音菩萨在中国已"定居"了，且与古往今来的国人和谐共存。佛教以其教义的独创性吸引了中国民众，它的禁欲、尚生、好善影响了中国民众的心理。佛教改造了中国民众；同时，我们可以说，中国民众也改变了佛教，改造了观音菩萨的性别形象。这就是文化交流互动性的一个鲜明表现。

观音最初起于印度的佛教，但她的出身却一直众说纷纭，莫衷一是。当然，观音菩萨可以不同的化身出现于世间，"随类度化"而不受男女性别所限。但在印度佛教中，观音大多呈男相。如在《华严经二十七参章》谓善财童子"见夫岸谷林中，金刚石上，有勇猛之丈夫，即慈悲之圣者，无尽智炬，作暗夜之光明，一切法云，覆福芽之增长"；在《悲华经》中也称："有转轮圣王，名无诤念。王有千子，第一太子名不煦，即观音菩萨。"再从印度传来的观音像中也可看出，印度的观音菩萨是男性。而男性的观音菩萨到了中国，为何时至今日，多以女相出现呢？

佛教传至中国，大约始于东汉。而在西汉，汉武帝所推崇的"罢黜百家，独尊儒术"，使儒家独得大统，直至明清。在汉武帝独尊儒术之前，汉朝是以黄老之学也即是道家的清静无为、顺其自然的思想来施政治国的。因此佛教一传入中国，就面临着佛道两家相互交汇、相互排斥的过程，三宝与三清之争、兴佛与灭佛之事，充斥于佛教的汉化过程。到唐宋，佛教教义已改变了许多，最突出的莫过于观音菩萨：印度的威猛丈夫变成了一个慈悲为怀、慈眉善目、脸带母性般微笑的女菩萨。唐宋之后，观音又多出鱼篮观音、马头观音、送子观音、水月观音、千手千眼观音等变相，其中女性角色仍占绝大多数。

观音为何由男变成女？

是印度传入的佛经被译错了吗？这种说法显然是不确切的，晋代和唐朝就有高僧身入佛教的发源地，实地学习梵文经典，而佛经传入中国时，也有些印度高僧参与传译。从缅甸、泰国等地传到我国云南的小乘佛教，观音菩萨也是有男有女的，由此可以说明观音由男变女并不是佛经的译误。我们认为，观音由男变女是中国民众再塑造的，是民众根据自己的意愿对印度来的男观音实行了"变性手术"。

在大乘佛教中，观音本是如来佛祖座下的上首菩萨。中国民众改造了观音却未改造如来，这是为什么呢？首先，如来的出身生平都是有史可考，混淆不得，而观音菩萨却是"虽善无征"，出身难以做确实考证，实属改造的绝好对象。其次，佛祖在民间印象中只管藏经、传经、多教化，佛法虽大却不太干涉凡间之事，是一位宏观之佛，不符合普通民众急需即到的现实原则。相对而言，观音是位具体施恩到个人的菩萨，若有苦难时只要口诵大慈大悲救苦救难观世音菩萨，就可获得搭救，这当然要比向如来佛祖求来世要生动诱人得多，更为亲近民间。也因此有大难当头临时抱佛脚，祈求于救苦救难的观音。所以，基于民众的自身需要和观音菩萨的特点，观音的男性形象被女性化了。

如果说民众改造了观音，为何偏偏要改为一个女性呢？这还得从观音自身的特点说起。在大乘佛教中，观音是大慈大悲救苦救难的菩萨，是慈悲的体现，专门把众生从困厄、苦海、灾难中拯救出来。观音施恩不为任何理由，总是给予又从不要求回报。现实生活中，谁能对你这般无条件地关爱，唯有作为母亲的女性。当然仅仅这些不能说明民众为什么把观音改为女性，还得从人类学和心理学的角度进一步加以阐释。

在人类跨文化研究中，对原始女性的普遍崇拜是显而易见的，其核心是对母亲的崇拜，如在印度赞美未出嫁的女子即为"小母亲"。之所以普遍崇拜母亲，是因为母亲是人类生存的第一个无条件满足者。这无条件满足最终形成慈母的原型，存在于人类的集体潜意识里。这原型的内涵，随着社会的变化而扩大，演化至疼爱自己的子女甚至别人的子女，以至全人类都在母性的慈爱滋养下生活。

再从中国社会来看，长期的不安定和困苦难以使普通民众产生长远的抱负。生存需求都得不到保证时，又何谈其他呢？通常认为威严的父亲们并不太会顾及子女的心理需求，男主外的社会角色定位，使他们无法成为孩子们的直接诉求对象。可是，民众的生存需要是迫切的，该怎么去满足缺失呢？这时候，潜意识中的母性原型得以凸现其作用。

从心理学的角度看，有两点特别值得提出。第一，无条件的满足是不可能无条件地持续下去的。人的成长就是从依赖到独立的过程，人长大了，还要母亲无条件地给予吗？有心理学家认为，在中国社会中，传统社教模式有延长性依赖这一特点，其中在男性身上尤其如是。学者孙隆基更形容中国人是"未断奶的民族"。第二，宿命论产生于绝望境况中。中国封建传统社会的残酷现实是老百姓的基本欲望很难被满足，为宿命论提供了生长的土壤。宿命论认为人的命运是不被个人掌握的，因此人们会去求神拜佛来寻求安宁和庇护。祈求的对象中，当然包括了慈悲为怀的观音菩萨。这种行为是心理学家所说的习得性无助的一种。心理学研究发现，当人与动物长期处于无法逃脱的困境中时，都会产生无助感，而不再主动避免困境，或做现实的努力。

严父慈母

中国传统社会父道尊严，使得中国历史上的男性大部分是以一种威严的面孔出现。在男权社会中，妇女地位低下，往往成为男子的附庸。至于父母的社会角色，可以"严父慈母"一语概括，严和慈的对比在儿童的心目中根深蒂固。从大量心理学研究中我们得到一个结论：在中国家庭里，孩子对母亲的亲情大多远远超过对父亲的亲情。

在中国民间故事中，观音也大多是以母亲形象出现的，如四大名著之一的《西游记》，其中观音的母性形象异常鲜明。孙悟空闹得天翻地覆，终于被佛法无边的如来压到五行山下，只有观音不弃，前去开化搭救。孙悟空对谁都傲睨自若，却会向观音讨饶作揖，一遇到过不去的关口、打不过的妖魔，不找佛法无边的如来，而是找观音求救。在《西游记》中，隔三差五就有孙悟空找观音搭救的情节，而观音却始终不骄不躁地细心照顾，没有嘲笑奚落，更无围攻放逐之事。只在孙悟空闹得太过分的时候，才有一句"你这猴头"的责备之语。

观音对待其他各路妖魔也是怜爱备至，黑熊做了守林人，红孩儿做了善财童子，一条金鱼在民间做了恶，她也只是收回了事。与此相对，太上老君则会责打守狮童儿，元始天尊的两位童子因害怕交不了差，设计扣押唐僧师徒，而天尊也着实不客气地把唐僧四人狠狠鞭打一顿，还有那玉皇大帝，更是要把孙悟空火煎油烧。相比之下，这慈母般的观音怎能不被民众所爱戴呢？

中国是农业大国，人们的温饱生计大多与风雨节气紧密关联，也因此有了许多与气候相关的习俗，"祭天祈雨"就是传统社会广为流传的习俗之一。那么，人们是向谁"祈雨"呢？相传，民间有专管降雨的龙王，各地因此设置了许多龙王庙。中国的龙文化闻名中外，其中非常有意思的是，人们通常认为掌管降雨的龙王都是男性，并且经常将龙与皇帝、皇族联系在一起。不过，中国民众并不大喜欢龙王，甚至在潜意识里总是把龙王看做是自私、狭隘、骄横的代表，也便有了诸如哪吒闹海中的龙王、八仙过海中的龙族等不讨人喜欢的龙王形象。这可能是中国历代多旱灾水涝，致使民众对龙王产生了愤怒投射，也可能是对封建皇权的潜意识反感，但人们还是要祈求风调雨顺以安居乐业。

那么，除了龙王，人们还能求谁呢？求观音。只有这位女性菩萨不骄横自私，有求必应，施恩不求报，她有的只是母性的怜悯与关爱。祈雨，在中国古代是上至皇帝士大夫、下至黎民百姓都极其重视的一件大事。民众舍弃法力更大的如来、玉皇，除了祈求专职施雨的龙王，还诉诸观音，祈求其助天降甘露，足见人们赋予观音作为女性菩萨的特殊意义。

有求必应

信奉佛教的人们往往喜欢把生存、安全、爱与归属等需求都诉诸于观音菩萨。面对令众生迷惑不已的生老病死、悲欢离合，观音菩萨的母性形象在被广泛接纳的同时，人们也都在"母亲"那里获得了潜意识层面的归属感与安全感。人们相信观音是无所不能的，她不仅能满足人们求雨的需求，还能制止冰雹、蝗虫等各类灾害。如《法华经》云："云雷鼓掣电，降雹谢大雨，念彼观世音力，应得消散。"又"宋祥符九年，飞蝗蔽开，遣使祷大士（观音），赤日杲杲中，忽迅雷掣电，雨雹疾于矢石，蝗顿息。"这些都与农业收成有关，与人民的生计息息相关。除了对衣食无忧的希冀外，淳朴的百姓们还牵挂着自身、家庭、家族的安全与稳定，而向菩萨祈求得以安居乐业。

在皇权人治的社会里，生产力和法制都极端低下，安全渡生无疑是一件非常不易之事，加之战乱纷纭的世事时局，颠沛流离、悲欢离合和生生死死在所难免。这些都促成了人微言轻的百姓们，不得不创造一个保护神来保护大家的安全。如清朝《观音慈林集》所载，某人坐船遇风将没，而在一心悬念观音大士之名后得救，避免了溺死。

神通广大的观音不但能救水，还能救火。在《辨正论》中就有记载，有一长舒者，专心诵观音经，邻居家失火，别人的房屋都烧毁了，他的房屋却没有烧毁。有恶少年好事，趁风紧时，投火烧其屋，却四投皆灭，少年乃向舒叩头请罪。长舒曰："我无神力，常以诵观世音为业，每有事，恒得脱免。"此外，观音还可以使人避猛兽、避凶险，即有遇盗、遇水、与罗刹鬼而遇难者称其观音名号而得救。在迂腐的封建社会，普通百姓倍遭欺压，他们在抗争无力时，像受委屈的孩子向母亲哭诉般，诉求于观音菩萨，幻想着"善有善报，恶有恶报"，冤狱得以解脱，坏人得到惩罚。

通常，女性的诉求需要远多于男性，其中最为独特的是对不幸婚姻的诉求。在中国封建社会，婚姻是由父母家族操办的，女子本身没有选择的自由与权力。男子有休妻的自由，女子却没有休夫的权力；男子可以三妻四妾，女子只能嫁夫从夫，夫死从子。就算有幸遇到可靠的伴侣而且婚姻幸福，子嗣却可能是引发婚变的另一大因素。婆家对子嗣的渴望是不仅要生孩子，还要生男丁以延续香火。女性的命运与生子有莫大关系，如宋朝"狸猫换太子"的传说，恰恰是鲜明的写照。但并不是每一个女性都可以幸运地一索得男，没生儿子则意味着她在家庭中的地位堪忧。

因此，在民间故事中，观音送子的故事不胜枚举，还由此衍伸出许多有趣的民俗，如偷观音鞋。在《中华全国风俗志》下篇卷三《江苏》中记载，在江苏一带方言以"孩"的谐音读鞋，"偷鞋"即"偷孩"。而《吉林奇俗谈》谈到，东北一带有一种拴娃娃的习俗，如果妇女婚后多年不育，她们就在庙内讨泥娃娃或在泥娃娃身上拴线，象征得到了儿子。《山东民俗》也谈到，山东一带的风俗之一，即不育妇女把观音庙前泥娃娃的"小鸡"取下，以水吞服，再用泥土塑一个新的补上。

妇女祈求观音送子，既有崇拜生子的社会因素，又有保住社会角色、家庭地位的意义。对很多传统妇女来说，没有生子则意味着家庭地位不保，丈夫可能纳妾，也可能休妻。而这些行为都不会遭到舆论谴责，反倒是无子的妇女会引来世俗的偏见。妇女被休后，还会被认为给娘家带来耻辱，地位更是不堪，毫无归属可言。反之，若生子，不仅自身地位无忧，即使丈夫去世，也可以遵循夫死从子，甚至继承丈夫所握有的权威以延续自己的家庭地位。总而言之，女性出于对自身际遇的考量，期待作为庇佑神的观音送子，继而也重塑、稳固了观音的慈悲的母性形象。

跨文化的比较

圣母玛利亚在西方宗教中拥有与观音在佛教中的相似地位。她虽然不是神，但是在西方宗教中被赋予神一样的崇高地位。她是宽容和同情的化身，也是信徒祈祷的对象。她与观音的区别是，她展现于人前的面貌永远是纯洁的。而根据天主教的教条，她是通过无沾受孕，以处女之身怀有耶稣。对于天主教教徒来说，将她与情欲联系起来是不可接受的。

在天主教的国度里，人们较容易从圣母的无沾受孕引申至强调女性的纯洁，而纯洁则代表了女性至高的美好。在男性的眼中，纯洁的女子是追求及爱的对象。一个纯洁女子的反面，就是一个放荡的女子，甚至是一个妓女，是纵欲的对象。这样一来，爱与欲被分割开来，不能存在于同一女性个体中，即欲者不爱，爱者不能欲。我们可以把这种心理状态称为"圣母情结"（Madonna Complex）。

在中国也存在圣母情结的倾向：男性往往不能接受贤妻良母的妻子同时也是性感、具有魅惑力的"狐狸精"（参看 p82《男尊女卑：中国社会中的两性关系》）。但是，也许中国人的幻想力太丰富了，"观音坐莲"竟然可以作为秽语。在民间传说中有"马郎妇观音、鱼篮观音"出现在观音化身的体系里。这些化身为了教化众生，曾以高级娼妓的姿态出现，与在圣殿正襟危坐的观音形成强烈的对比。

原来观音可以利用凡间一切善巧方便，甚至"以色设缘""化倡救淫"的妙法，来达到普度众生之目的。教化的对象，当然是那些好色淫迷、未能证悟的男子们。北宋叶廷圭的《海录碎事》载："释氏书：昔有贤女马郎妇，于金沙滩上施一切人淫。凡与交者，永绝其淫。"若是一个虔诚的天主教教徒，知悉竟然有这样一位为了度化众生的观音化身，或会瞠目咋舌吧。

直观形象艺术的影响

宗教是人类的精神创造，宗教的神魔鬼怪大多可在现实中找到原型。修养颇深的僧侣、士大夫们在熟习、理解经文时可以领略佛教广博精深的教义；但普通民众由于身份低微，长期被剥夺受教育的权利，难以通过经文来学习及接受宗教。于是传授与接受的双重需要，衍生了许多通俗易懂的宗教故事、直观的宗教绘画、宗教建筑、雕塑和独特的宗教音乐。佛教产生时，不论是在印度还是传入中国后都有许许多多的宗教故事、宗教艺术，在民间流传时被不停的增删，最终形成相对稳固的特定形式。

佛教在东汉末传入我国时，印度佛教美术也随之东来，这一时期的佛教菩萨有几个鲜明特点：人物造型线条圆润，裸肩，头有装饰的佛冠，身配璎珞，面容充满了慈祥、平和且多数没有胡须，就连如来佛祖的画像也是这般。这种风格在新疆一带的石窟壁画上至今尚能看到。没有胡须的男菩萨容易被误认为女性，而印度式的佛冠装饰和身上的璎珞，也都是中国男子不会佩戴之物。在结合了唐代以女性肥胖为美的审美取向后，终使印度来的观音菩萨由男性转变为百姓更容易接受的女性菩萨形象。

中国的民间艺术家在继承了印度的艺术手法的基础上，又按照自己的审美志趣，结合普罗大众的心理，改造了观音的艺术形象。如今，我们翻阅历史典籍，北魏太和改制前的壁画、雕塑大多还保持印度模式。隋代虽有继承，但菩萨的服饰明显增多。唐代作品变化较大，甚至发展出"丰乳细腰肥臀"的艺术模式。如著名画家和雕塑家吴道子所画的观音菩萨，看来已是一个实实在在的女性菩萨形象。当然，也有一些民间艺术家、雕塑家也许从未见过印度式的观音菩萨像，仅仅基于民间故事的流传和心中想象，而把观音菩萨绘画或雕塑成女性，这在地域广阔的中华大地也是大有可能的。总之，在宗教传授的需求与直观艺术形象的互相影响下，观音菩萨的形象作了从男变女的性别转变。

结　语

综上所述，观音本是印度佛教中的一位威猛的男性菩萨，但在中国化的过程中，变为了一位慈悲为怀的女性菩萨，被普罗大众所接受并享有极高的地位。百姓们把男性观音改造为女性菩萨，以凸显其有求必应、慈悲为怀的母性形象特征。中国民间艺术家则按自己及社会的意志对印度宗教人物画像进行"中国化"改造，并在流传过程中，最终把观音定型为美好的女性形象，这也是缘于人类普遍对母亲依赖的情结，以及中国文化对男女社会角色的界定。

抵制还是开放：色情作品怎样审查？

"食色，性也。"生存和繁衍是人类最原始的本能。对于"食"，中国人向来非常自豪，2012 年热门的《舌尖上的中国》节目，梗概了中国人对食物的高超造诣。然而，一谈到"色"，国人通常就谈色色变地缄口莫言了。近些年来，越来越开放的中国社会也逐渐接受了性思想的解放，人们慢慢地接受对性的公开讨论。其中，人们所热议的话题之一，便是对色情媒体的审查。

这个话题容易得到人们截然不同态度的反馈：较为保守的人认为色情作品将给社会尤其是年轻人带来严重危害，因此要加大力度审查和整治；较为开放的人士则认为，所谓的社会危害并没有事实依据，相反，严苛的出版审查倒会侵犯人们的自由。

下文将为大家展示一段关于这一敏感话题的对话。交流双方各自代表不同的观点，我们简称之为自由论者和道德论者，并暂且称呼他们为李先生和墨先生。在他们的对话过程中，我们可以看到其各自观点迥然不同，谈论的内容不仅涉及色情和淫秽的区别，还有出版审查的标准和色情媒体对中国社会的影响等诸多方面。

色情与淫秽

李先生：我想先说说自己的看法。无论男性还是女性，人类的裸体，包括性行为中的裸体，其本身没有一丝与下流、恶心乃至罪恶相关的元素。因此，作为性文学或者艺术角度来看，色情作品本身并没有好坏之分，它所涉及的内容与审美、艺术形式相关，但与道德无关。

墨先生：这只是一个事关品味的问题？

李先生：也不全是。作为人类自然生活中的性，当然可以是一种美好，甚至是浪漫的事情。一些较为成功的色情作品，能够传递人性的本来面目，具有一定的价值。只有道学家才盲目排斥、抵制所有与性有关的刊物。

我们需要对色情有更加细致的认识。首先，我们建议使用两个含有不同意义的词语：一是色情作品（erotica），二是黄色作品（pornography）。色情作品是比较中性的，包括一切能够引起性反应的作品。黄色作品是指包含着淫秽、性暴力、贬抑人性等成分的作品，这些作品会引起人们的反感，人被描绘成性行为中的物体，通过商品化、低俗化之后，剩下来的只有被扭曲和丑化的性了。这样有助于我们把可以接受的色情作品与难以接受的黄色作品区分开来。

判别的标准

墨先生：你说的没错，我们确实不能对色情作品一概而论。但是，判别淫秽与色情的标准在哪里？这却是一个很难回答的问题。暴力与否，可能很容易区分。但是，你怎么区别淫秽与否呢？又如何判断一个作品是否贬抑人性呢？

李先生：的确，这并不是一件简单的事情，它还涉及程度问题，并非简单的"是"与"否"就可作区分。另外，还涉及作品通过性的内容想表达什么信息。对于出版物的评估，不能局限在一些细枝末节上，而是要从作品整体来评估其价值。有些作品虽然包含性描写，但作品所传达的信息及价值可能超越了性本身。例如，《金瓶梅》就是一个很好的例子。它是一部细致刻画人物生活、对话及家庭琐事的小说，颇具中国文化、文学及时代的代表性。特别是武松杀嫂的情节，对了解当时的伦理与道德标准有重要的价值。

至于某些色情作品是否贬抑了人性，我觉得是见仁见智的。我们还必须提出一些其他问题来加以思考。例如，作品本身想传达的信息是什么？这些信息的背后蕴含着什么价值？作者如何描绘与性相关的内容？作品是否涉嫌贬低妇女、少数群体、同性恋人群的形象？对生活和生命的描绘是积极还是消沉的？如果作品中有内容被认为是淫秽和暴力的话，作者如何处理这部分内容和作品整体之间的联系？

墨先生：你所提出的这些问题，其实还适用于不涉及色情的作品。那么你的意思是，我们应该一视同仁，不需要对所谓涉黄的作品区别对待？

李先生：是的。

墨先生：那么你刚才提的问题，怎样能够帮助制定出版审查决策呢？

色情之罪

李先生：在讨论出版审查的决策之前，首先需要认识色情作品到底能给我们的社会带来什么危害。在我们的社会中，人们往往谈黄色变。人们过去甚至认为接触黄色的东西，必然会导致性犯罪。但是，心理学研究表明，过度暴露在性刺激下，其实反而会暂时降低对性刺激的反应。例如，勘查涉黄影片的刑警们，由于特殊职业关系，在频繁接触大量相关事物后，反倒引发呕吐、厌恶、失眠等生理反应的职业病。

墨先生：我认为更重要的是色情作品有时会扭曲两性之间的关系，让现实生活中的男女反而不能和睦相处。

李先生：两性之间如何和睦相处需要双方坦诚相对。一味压抑自己的本能追求，反而可能产生误解、欺瞒、愤怒乃至出轨等问题。心理学研究表明，涉黄的内容对有些人来说并没有太大的影响，但是对另外一些人来说就会产生负面影响。因此，我们不能一概而论。

墨先生：我赞同你关于个体差异的说法。但必须指出，青少年身心发展还没有健全，比较容易受到涉黄内容的影响，而且如果不加以正确引导，往往容易产生负面的影响。

李先生：是的，但是我们不能把普罗大众永远当成青少年。负责审查的人往往因过度回避的倾向而作全面否定的判断。其实，心理学研究发现，相比于涉及暴力内容的事物，涉黄事物对行为影响要轻微得多。因此涉及暴力内容的作品更需要审查，比如网络热议的"手撕鬼子"片段就过于暴力血腥。

审查的困境

李先生：出版与发行审查，在任何社会里，都是涉及伦理道德的难题。在国外，自由主义的人认为，作为拥有自由意志的个体，人们有选择看什么、读什么、听什么的自由。审查制度是对这种公民权利的威胁。

墨先生：你说得有道理，但是人们也有权利生活在一个不被色情、淫秽、暴力出版物所烦扰的社会里。特别是父母们，他们需要对儿女的健康成长负责。别忘了，西方也有对色情作品分级处理的。

李先生：但是，未成年人成长过程中很难避免不接触涉黄的内容。即使电视、网络、书籍等传播方式都得到控制，同辈之间的信息转达也是很难规避的。父母们根本没有办法隔绝未成年人接触涉黄的内容。

问题的关键不在于未成年人接触到多少涉黄的内容，而在于他们认识性的大多数途径是非正规的，或者难以控制的，如在网站和同辈交流。

墨先生：目前国内色情刊物已较少，主要来自于网络。我们应该扩大讨论的范围，从色情刊物到色情媒体，包括电台广播、电影、电视、报纸、书籍、刊物、宣传册和漫画。如果对色情内容不加以审查必然弊大于利。

李先生：没错，这点我完全赞同。但是，出版审查的某些做法实际上在引诱着青少年，激发他们的逆反心理，造成反效果。例如，之前轰动一时的"艳照门"事件，一方面媒体在铺天盖地报道，另一方面出版审查严厉执行，最后造成了网络大量流出图片、视频，报纸媒体也争相发布打马赛克的图文。这种欲盖弥彰的做法事实上是挑逗着大众，特别是青少年的好奇心理，促使他们去通过各类途径获取相关信息。又比如，中央电视台播出著名雕塑"大卫"图像的时候，曾对雕像的男性器官部位打上马赛克处理，令大众不解这艺术作品为何受到如此待遇。诸如此类出版审查，不仅在防治涉黄事物恶性影响上事倍功半，甚至起到适得其反的作用。

墨先生：那真的是一个笑话！出版若审查不当，产生反效果，那么艺术与否可能就在一块马赛克之间！针对出版审查的困境，我觉得更重要的是正规性教育的普及。如何向未成年人传递健康的性知识才是最关键的。

李先生：我也赞同。健康的性教育首先要求教育者本身对性知识有正确的认识。我们不需要羞羞答答的性教育，需要传递正能量的健康性教育。

墨先生：目前中小学生性教育是必要且紧迫的，还需要投入更多的精力。但是，要提高性教育的水平，谈何容易！关键在于许多负责性教育的老师们，本身的性知识水平还要提升，对性教育的态度还需改进。如在一项调查数据显示，31.5%的老师不知道应该如何解释手淫是什么。这个方面，许多家长本身也不够开放，并且缺乏相关的知识。还有，不久以前小学校长性侵犯的丑闻表明，青少年儿童的性保护意识太过薄弱。

性教育实质上相关于我们整个社会对待性的观念和态度。因此，不论是出版发行审查，还是常规性教育，都应该遵从我们社会大多数人的价值观念，不能够完全复制西方的教育模式。

李先生：现代中国社会，特别在沿海一些城市性开放程度越来越高，传统的价值观念正受到很大的冲击。各色的男女公关，繁华的娱乐场所，越来越随意的两性关系，这些都不得不令人感到担忧。一方面审查制度不完善，另一方面性教育又不成熟，所以，人们能接触到大量良莠不齐的涉黄信息，不能不说隐患多多。

墨先生：这么说来，你现在反而更像位道学先生了！

结　语

我们通过李先生和墨先生的讨论，可以看清当前中国在色情作品审查及性教育等方面仍然存在的矛盾。首先，对涉及性方面的作品之艺术程度、成分、呈现形式较难评判；其次，尽管色情作品并没有造成巨大的危害，但是人们对它的刻板印象却难以磨灭。根植于儒家的性观念还没有本质的变化，国人保守取向的性观念使正规的性教育踯躅不前，这反而给不良色情作品留下生存空间，成为许多青少年获取性信息的来源。所以，对黄色作品（特别源自网络）的严格审查仍然是需要的。

近些年来，随着中国社会的改革开放，传统封闭保守的思想也将面临转型。我们不能盲目跟随西方的意识形态，而应该根据当前的国情，建立一系列完整的审查机制，对色情作品严格控制，取其精华，去其糟粕。随着国情的转变，将来的审查机制也会有所改变。最关键的是，通过规范的性教育，能让人们在逐渐开放的氛围中认识和接受性在人生中的美好，并使男女关系趋于良性的发展。

Part 4

人类的智能：人之何以为人

人与非人：不能跨越的鸿沟?

　　人之何以为"人"这个问题宏大而深奥。古今中外，许多哲学家对此苦思冥想，但却莫衷一是。然而，回答什么是人与非人的基本区别，这样问题就突然变得具体而有路可循了。在本文中，我们将从认知能力的角度出发，探讨是什么把人类区别于其他物种，乃至人工智能实体（如电脑和机器人）。通过这样的讨论，我们能够对人之所以为"人"有更为深刻的体悟。讨论的核心，正是人与非人之区别是否是一个不能跨越的鸿沟。

神经疾病所带来的认知失能

　　在日常生活中，我们运用认知能力去感知外部的世界，并进行内部的思考。在丧失这些能力之前，往往只有少数人会注意到它们的存在。在探讨人类的认知能力之前，首先让我们进行一个假想实验。假如我们可以移除某个人身体的某些部分（如手、脚、心脏和大脑）。那么移去了哪一部分之后，这人将不再能被称为一个"人"呢？大家可能会说，那当然是大脑了！诚然如此，大脑之于人类的意义非同小可。大脑的存在使得人类的认知成为可能。神经学家正是通过这种思路，对人类的大脑展开系统的研究。

　　法国作曲家莫里斯·拉威尔，由于大脑左半球皮层的行进性损伤而导致了严重的失语症和失用症。他不能够正常地与他人进行言语的沟通（失语症），同时还不能够按照指令完成目的性行为动作（失用症），这给他的作曲生涯带来毁灭性的影响。他后期的两部作品《波莱罗舞曲》（Bolero）和《协奏曲》（The

Concerto）都是用左手完成的，而这主要由大脑右半球来控制[①]。与大脑右半球损伤的人相比，里斯·拉威尔还是相对幸运的。大脑的右半球被认为与音乐和创造天赋有关。在其他的临床案例中，有一些患者因为大脑右半球受损而罹患失音症（无法进行音乐活动），这对热爱并从事音乐工作的人来说，无疑是最为沉重的打击。

另一位杰出音乐家的遭遇引起了人们对另外一种大脑损伤的关注[②]。英国音乐家克莱夫·威尔灵因为一次脑炎疾病，大脑里面一个叫做海马的结构受损，从此以后他便无法再形成新的记忆。他每时每刻都像是"活在当下"，无法再回忆起自己几分钟之前说过什么，做过什么。然而，音乐的印刻在克莱夫的大脑中并未褪去，于是他继续活在音乐中。唯独他对妻子的爱却保留下来，也就是说，他虽然已经不再认得眼前照顾自己的那位女士是谁，但是对她的特殊感觉一直存在。在大脑之中，情感的连接可能由其他的脑区来负责，或许，天长地久的情感是由神经系统作支撑的。大脑功能的复杂和多元可见一斑。

让我们再试想下，如同电影《无语问苍天》（Awakenings）中的昏睡性脑炎患者，其在昏厥（catatonic）状态下，虽然机体仍保留部分智力、神经官能，却丧失了与人交流的能力[③]。当意识被永久尘封，此时的你，就像被枷锁禁锢，还有什么比这更可怕的呢？也许你也曾经历过在清醒的意识下却无法支配躯体，无奈、畏惧！但相较于上述患者所经历的，简直是小巫见大巫。

当然，我们并不能说，罹患上述神经系统障碍的人就不能称之为"人"。但是，如果在最为极端的情况中，一个人如果脑死亡而成为"植物人"的时候，我们还能称其为一个真正意义上的"人"吗？即使在这样的极端情况中，我们还是很难简单地回答这一问题，因为身体机能一些残存的功能还在运作，生命的顽强或许还有可能会给我们带来医学的奇迹。

赋予人造的智能

现在，让我们可以用相反的思路来进行刚才那个假想实验。想象一下我们需要添加哪些认知成分到一个物质实体上，它才能够真正被称为"人"呢？这种思

---

① Amaducci L，Grassi，E，Boller，F. 2002. Maurice Ravel and right-hemisphere musical creativity: Influence of disease on his last musical works？European Journal of Neurology，9（1）：75-82.

② Sacks O. 1985. The Man Who Took His Wife for A Hat and Other Clinical Tales. Mono，ON：Summit Books. 又可参看：Sacks O. 2008. Musicophilia: Tales of Music and The Brain（revised & enlarged edition）. New York：Vintage.

③ Sacks O. 1991. Awakenings（revised）. London：Duckworth.

路，正是人工智能领域人士所致力研究的方向。他们关注哪些认知成分可以在机器上实现，人和非人之间的根本界限在什么地方，智能的机器人将来是否会取代人类？

尽管听起来相当奇妙，但是人工智能的实现并非容易。例如，对于我们认为很简单的直立两足行走，机器人需要花费长时间的训练才能够掌握。更加复杂和高级的过程，如思维，机器人更难学会。这些会导致有些人去质疑：机器人能够学会思考吗？

在回答这个问题之前，我们首先来设想以下的情境：假设你参加一个三人的模仿游戏，其中一个是男人，一个是女人，还有一个任意性别的询问者；游戏过程中，询问者和另外两个人相互之间只能使用文字沟通；询问者可以向另外两个人发问，另外两个人按照一定的身份来回答；询问者需要根据这样的问答来判断对方的性别，在这个过程中，男人要欺骗询问者，让他陷入迷惑；而女人则要如实回答，帮助询问者获得正确答案。

读者们可能发现这个游戏充满了挑战。首先，在这个游戏过程中，欺骗与明辨相互争锋，涉及大量的内心算计。其次，性别的差异至关重要。研究表明，男性不如女性会说谎，在明辨真伪方面也不如女性。因此，询问者的性别将很大程度影响这场游戏的胜负。假如我们让机器人来玩这个游戏，结果又会是怎样呢？

1950 年，数学家阿兰·图灵就提出，让电脑代替人类来玩这个模仿游戏。在游戏中，电脑充当男人的角色，欺骗询问者，让他得出错误的判断，如果电脑真的能够欺骗询问者，那么它在某种意义上具有思维的能力，这就是著名的图灵测验（Turing test）。在此之后，这个测验有许多相关的变式。从 1991 年开始，相关领域的专家都会组队，参加一年一度的勒布纳人工智能奖，接受图灵测试的挑战。然而，目前还没有计算机在纯文字问答或连同语音与图像输入的测试中完全获胜。每一年，举办方都只能选出相对"最智能"的电脑。在 2008 年，一个叫做艾尔博特的计算机程序成功地欺骗了 12 个人之中的 3 个，这已是不错的成绩了。

未来人工智能技术的发展，或许能够让电脑在图灵测验中完胜。到那个时候，电脑能够很"聪明"地欺骗人类。然而，这真正意味着电脑能够思考吗？更重要的是，这意味着它们就具备了人类的特质了吗？这样的问题迫使心理学家们要对人类本身的能力进行深思：到底什么是人与非人（动物或机器人）之间的界限？

人之有别于非人

无论在任何时代、文化背景下，人与非人都有一些本质上的区别。例如，人会有意识的犯错、不服从、做道德的抉择，而非人则不会。当然，一个人如何犯错、不服从或做道德的抉择，是可以因不同的时代或文化背景而异的。

犯错

人和动物都会犯错。但是，电脑作为运算的执行者，是不会犯错的。因此，是否会犯错可以作为人与非人智能之间的区别。理论上，作为运算的执行者，电脑乃至机器人出错的根源在于人类所设定的算法。然而，电脑的运算经常会因为程序的漏洞而出问题。面对程序变得越来越复杂和冗长时，专业人员亦难以知道电脑是如何输出一个结果的。也就是说，我们很难判断一个电脑输出的结果有没有出"错"。这是何等尴尬的局面！

近来，电脑科技的研究人员发现，如果适当筛减电脑芯片的部件，除去一些不常用的部分，允许计算机算法在特殊的情况下"犯错"，电脑芯片将会变得更加高效。这研究给移动微电子科技带来了重大的启示：允许机器犯错，或许可以让他们变得更加智能，更像人类。

不服从

人们一般认为，人工智能实体（如机器人）完全服从于设定的指令程序，即是不会违背预设指令的。到目前为止，神经网络和反馈学习的程序已成功实现了通过外界信息让程序自我修正参数。但这还不是真正的"自我编程能力"。然而，1936 年图灵提出了"通用机器"（universal machine）的概念。这是一种具有自我编程能力的智能实体。图灵的概念引起了我们的大胆假想：如果可以让通用机器拥有监控，甚至改编其自我编程的能力，那它便像人类一样具有"质疑和批判的精神"，也会掌握不服从预设指令的本领！继而，它会"解读"其创造者（即人类）为自己所设定的程序，并决定执行与否。这早已是许多科幻电影的题材了。

人之所以为人，正是因为我们具有不服从我们的造物者的能力。圣经《创世记》早已陈述了人类的始祖——亚当与夏娃不服从上帝的故事。

道德的抉择

动物以本能和群体规范支配着行为，而人类则多了道德的准绳。人类的法律可以理解为群体规范的高级形式，然而人类的道德良知却是其他智能实体所没有的。也就是说在理解和思考事物的时候，人类还多了一层伦理道德的思考。

一个很经典的例子，就是关于改变火车轨道来救人的实例。假设现在有一辆失控而高速运行的列车，在列车所行驶的轨道上，有五个人，他们将无法及时逃离轨道。如果列车按照原轨道运行的话，这五个人都将被撞死。现在，假设你的位置正好在列车变轨的控制杆边上。只要你轻轻扳动一下控制杆，列车就能够改变轨道，不会撞到那五个人。然而，在另外的一条轨道上，同时还有一个人，他将无法及时逃离而被迫牺牲。你是否会扳动控制杆呢？

现在，假想在另外一个情境中，你的身边没有控制杆，而是站着一个人。他面朝着轨道，背对着你。你只要将这个人轻轻推一下，他就将倒在轨道上，挡住正在驶来的列车，让它减速，然后解救那五个不能及时逃离的人。在这种情景中，也是牺牲一个人来营救五个人，你是否会将这个人推下轨道呢？

这一伦理道德两难的抉择直接挑战着人们的价值底线。如果这两个情景放在一起，并且你必须选择一种解决方式的时候，你又会如何选择呢？心理学家发现，大部分的人都会选择扳动扳手而非将人推入轨道，尽管这两者的结果（效用）是高度一致的——牺牲一人，解救五人。心理学家认为，被试不愿意选择第二种方式，是因为把别人推入轨道将承当更多主动的责任，从而引起更多的内疚。

试想，倘若进行抉择的不是人类，而是智能化的机器，那又会怎么样呢？2012年6月的一期《经济学人》杂志，发表了一篇关于人工智能在伦理道德困境中抉择的文章，论及在未来社会里，我们将如何"教会"机器人在困境中作出抉择。

结　语

人类的大脑让我们独有的智能成为现实。古人云："身体发肤，受之父母，不敢毁伤，孝之始也。"现在，我们更应该说："精巧而脆弱的神经中枢啊，我要好好地保护你。"

技术进步在使生活更为方便的同时，还会带来马克思所说的"异化"问题。基本上，异化就是自我异化，被我们所创造的事物所主宰。在不久的将来，机器人或许会主宰着人类生活的各个细节。我们创造了机器人，最终却无法逃出由自己所创造的东西所带来的困境。我们会越来越依赖机器人，一旦停电怎么办？人们与机器人沟通多了，与人的交往会变少，人与人之间会变得冷漠，我们的主宰性会受到威胁。这都是需要人类独有的智慧去处理的。

也许有人认为离机器人主宰我们的日子还很遥远，但实际上生活已经存在异化趋势。我们常常可以观察到的是在家庭聚会时，很多年轻人沉迷于玩手机，而忽略与身旁的亲人进行交流。这是否是一个值得我们去反思的问题呢？

读者如果问我们，人之有别于非人最突出的是什么？我们的答案就是悟性（参看 p15《心灵空虚：现代人需要直面的问题》）。悟性是人性中最宝贵的。为什么？因为人若没有悟性，当然不会觉悟，也不会有改邪归正、自我改造等行为；先知、先贤、革命先驱亦不会出现，进而推动人类往前走。悟性不仅是人类智能的至高点，而且含有道德上的高风亮节。

02

辩证思维：人类思维的顶峰

《庄子与惠子游于濠梁》记载了一个有趣的故事：庄子与惠子游于濠梁之上。庄子曰："鯈鱼出游从容，是鱼之乐也。"惠子曰："子非鱼，安知鱼之乐？"庄子曰："子非我，安知我不知鱼之乐？"惠子曰："我非子，固不知子矣；子固非鱼也，子之不知鱼之乐全矣！"庄子曰："请循其本：子曰'汝安知鱼乐'云者，既已知吾知之而问我，我知之濠上也。"

我们到底不是鱼，怎么能知道鱼儿是否快乐？我们不是庄子，又怎么知道庄子是否知道鱼儿是否快乐？在这个故事中，不同层次的认知交织在一起，展现了辩证思维的魅力。我们并非想要判断输赢，而是要说明惠子的质问是有道理的。庄子一口咬定惠子明知故问，"既已知吾知之而问我"。但是，严格而言，惠子已知的是庄子认为鱼儿快乐；这不等于"惠子已知庄子已知鱼之乐"。无论如何，庄子是一位绝世的诡辩奇才，使对手无从取胜。

我们每天都在思考，或思索自然之奥妙，或思忖人际之诡谲。然而，你是否想过自己如何思考？你是否意识到人类的思维从简单到复杂，从低层到高层不断提升？你是否想过人类思维的进步将何去何从？在本文中，我们作出一个大胆地断言：辩证思维是人类思维的顶峰。读者们在其他心理学书籍中，可能从未见过如此的论断。在此，我们将从认知的层次与辩证思维的本质来论证这个断言。

思维的层次

原始人类遇到了雷电，直接感觉到强烈的光芒和隆隆的巨响，进而知觉到雷电可能是一种危险的信号。随着思维的深化，人们开始思考光芒和巨响之间的关系：闪电过后，总伴随着雷声，并且具有一定的时间间隔。久而久之，人们积累了经验的知识。类似的过程也发生在复杂的社会情境中：人们知觉到自己、他人，以及自己和自己、自己和他人、他人与他人之间的关系，进而学会如何为人处事。

心理学家把这些高层认知统称为元认知（metacognition）。元认知就是把思维本身作为对象的再思维，即对认知本身的认知。任何认知（或知觉）都可以作为高一层认知（或知觉）的对象。这样，我们可以界定人类认知的层次：元认知是对第一层认知（直接知觉）的思维；第三层的认知是对元认知的思维，如此类推。理论上，高层认知是无极限的。但实际上，能够从第一层飞跃到第三或更高层，才算是思维领域的突破。从狭义上讲，元认知是指第二层的认知，元认知也可以作为高层认知的统称。

当然，想穷尽人类思维的所有层次是徒劳无获的。思维的层次可以不断向上翻级，相应的语言表达则会变得越来越复杂。而且，认知的过程更加令人捉摸不定，即便是"2+2=4"这样浅显的运算，我们也很难用语言说明其内在的思维过程。

很多时候，我们只知道高层次思维的结果，但并没觉察到其过程。对于这样的思维常被称为"直觉"。我们认为，所谓直觉是建筑在经验积累的基础上的。心理学家研究了猩猩的顿悉（insight）[①]过程，它在某种程度上和人类的直觉很相似。大猩猩想要拿到吊在墙上的香蕉，但旁边只有几个木箱，并没有其他可以攀爬的东西。在焦躁片刻之后，大猩猩突然懂得将木箱叠起来，爬上木箱，拿到香蕉。这种直觉式的顿悉过程涉及对周围情景的整体知觉，了不起！但我们仍然没有充分理由相信大猩猩具有元思维能力。

高层认知的例子

中国的文学和哲学中关于高层认知的例子尤其丰富。北宋文学家欧阳修在《醉翁亭记》写道："禽鸟知山林之乐，而不知人之乐；人知从太守游而乐，而不知太守之乐其乐也。"欧阳修之乐是层次分明的：从"山林之乐"到"人之乐"，然后再到达"乐其乐也"的境界（乐的元认知）。欧阳修之乐，是源自别人之乐

[①] 常见心理学教材中翻译为"顿悟"，但顿悟实为更加高级的思维，此处用顿悉较为恰当（参看《心灵空虚：现代人需要直面的问题》一节）。

的，从此可看出他的认知及为人层次之高。

《庄子·齐物论》记载："昔者庄周梦为蝴蝶，栩栩然蝴蝶也，自喻适志与！不知周也。俄然觉，则蘧蘧然周也。不知周之梦为蝴蝶与，蝴蝶之梦为周与？周与蝴蝶，则必有分矣。此之谓物化。"到底是庄周梦作了蝴蝶，还是蝴蝶梦作了庄周？如此千年大问的背后是思维层次之间的角逐（参看 p2《漫游梦境：解读你自己的梦》）。

在日常生活中，我们如果能够超越对方的思维层次，将更容易获得胜利。正如《孙子·谋攻篇》中所说："知彼知己者，百战不殆。"罗贯中的《三国演义》中有一段关于诸葛亮智算华容道的故事：

> 孔明曰："云长可于华容小路高山之处，堆积柴草，放起一把火烟，引曹操来。"云长曰："曹操望见烟，知有埋伏，如何肯来？"孔明笑曰："岂不闻兵法虚虚实实之论？操虽能用兵，只此可以瞒过他也。他见烟起，将谓虚张声势，必然投这条路来。将军休得容情。"云长领了将令，引关平、周仓并五百校刀手，投华容道埋伏去了。……
>
> 正行时，军士禀曰："前面有两条路，请问丞相从哪条路去？"操问："哪条路近？"
>
> 军士曰："大路稍平，却远五十余里。小路投华容道，却近五十余里；只是地窄路险，坑坎难行。"操令人上山观望，回报："小路山边有数处烟起；大路并无动静。"操教前军便走华容道小路。诸将曰："烽烟起处，必有军马，何故反走这条路？"操曰："岂不闻兵书有云：虚则实之，实则虚之。诸葛亮多谋，故使人于山僻烧烟，使我军不敢从这条山路走，他却伏兵于大路等着。吾料已定，偏不教中他计！"诸将皆曰："丞相妙算，人不可及。"遂勒兵走华容道。……
>
> 操见前军停马不进，问是何故。回报曰："前面山僻路小，因早晨下雨，坑堑内积水不流，泥陷马蹄，不能前进。"……又行不到数里，操在马上扬鞭大笑。众将问："丞相何又大笑？"操曰："人皆言周瑜、诸葛亮足智多谋，以吾观之，到底是无能之辈。若使此处伏一旅之师，吾等皆束手受缚矣。"
>
> 言未毕，一声炮响，两边五百校刀手摆开，为首大将关云长，提青龙刀，跨赤兔马，截住去路。操军见了，亡魂丧胆，面面相觑。

在这个故事中，曹操首先忌惮孔明的"多谋"（即元认知），从而做出走华容道的决定。而孔明对曹操的盘算了如指掌，更深知曹操了解他本人的"多谋"（即对元认知的高一层认知）。如此排兵布阵，岂有不胜之理？这样的故事给那些驰骋商场的人带来重要的启示：如果你能够在思维上比对手抢先一步，你最终会在竞争中获胜。

辩证思维

"辩证"一词对于读者们来说并不陌生。高中阶段的政治教材就正式出现对辩证思维的系统论述。在西方，辩证思想从苏格拉底到黑格尔，再到马克思，一脉相承。在中国文化中，阴阳相制、五行相生相克的辩证思想也根植人心。人们甚至能够叨念一些朴素的辩证思维，例如看问题要"一分为二""矛盾的对立和统一"等等。然而，到底辩证思想或者辩证思维的本质是什么？

从心理学的角度看来，辩证思维实质是把元认知系统化的过程。它是对思维本身的监控、再思维，包括了接受、质疑、反思、处理矛盾、最后的统合。因此，辩证思维可以被看做是"元系统形式的认知组织"（metasystematic form of cognitive organization）。元系统是"系统的系统"，是不同"次系统"的有机组合。例如，一对夫妻，两人原本自为一个系统，但结婚之后，他们便组织成一个新的元系统。能够把次系统之间，以及所有次系统与整体系统之间的关系，作全面的分析，便可达到元系统形式的认知组织。

这样的思维形式最鲜明的特点就是既能意识到系统内在矛盾的存在，但又能将对立面和统一面结合起来。中国的阴阳相生相克，就是古代人类对宇宙事物的辩证观察。可以说，辩证思维是在接受矛盾中考虑到问题的多面性，并尝试解决和统合不同观点之间的矛盾，最终实现整体思维的和谐与完善。

著名心理学家皮亚杰（Piaget）将儿童认知发展分为四个阶段[①]：感觉运动阶段、前运算阶段、具体运算阶段和形式运算阶段。他认为，儿童的思维发展是从具体到抽象的过程，进入了形式运算阶段，儿童便能够采用抽象的概念，进行推理，有系统地解决问题。心理学教科书多假定形式运算是最高的认知水平，儿童进入这个阶段以后，思维便再没有发生质的变化。然而，我们认为，掌握抽象思维仅仅是辩证思维的初步。辩证思维对抽象思维进行系统化，从而对事物有较全

---

① Piaget J. 1977. The Development of Thought: Equilibration of Cognitive Structures. New York: Viking Press.

面的思考。从元认知的角度来看，辩证思维是没有止境的，可以不断进行深度的挖掘，意味着认知能力质的飞跃。

最后我们必须接触到另外一个问题，那就是近年来有些心理学家①根据他们的研究结果，认为辩证思维是有东西方差异的。中国人趋向于采用包容矛盾的折中渠道（"middle way"）；欧美的思想模式则采用基于阿里士多德的逻辑，把矛盾两级化。这个论点备受其他心理学家②的质疑，他们认为这个观点是对逻辑的误解。我们认为辩证思维的本质是有普遍性的，当然思维的内容是可以因时代与文化的差异而不同，可是它的逻辑思维模式是不会受时空的差异而改变的。

结　语

至此，我们已知辩证思维可以防止坚持己见和思想僵化的恶习。中国的文化传统蕴含着丰富的辩证式智慧，值得我们反复品味和思考，从而发扬光大。现在，我们邀请读者进入高层认知，利用内外对话的互动塑造臻美心智；同时，使用元认知来帮助自身更深层次地理解辩证思维过程。这样，你就更可以体会"辩证思维是人类认知能力的顶峰"这句话的深层涵义。

可以说，整个人类对人生和宇宙的探索就是辩证思维的过程。然而解决一个问题后，其他问题又会出现，所以这个过程是无穷无尽的。这就不难理解，为什么东方先哲们会为宇宙的森罗万象、奥秘无限所感叹。而西方的《圣经》也说："你要向天观看，瞻望那高于你的苍穹。"与世界的奥秘相比，人类显得渺小，这不得不让我们甚感谦卑。

---

① Peng K，Nisbett R E. 1999. Culture，dialectics，and reasoning about contradiction. American Psychologist，54：741-754.

② Chan S F. 2000. Formal logic and dialectical thinking are not incongruent. American Psychologist，55：1063-1064. 也可看看：Ho D Y F. 2000. Dialectical thinking：Neither eastern nor western. American Psychologist，55：1064-1065.

高级认知：人类独有的智能

莎士比亚说："人是天地之精华，万物之灵长。"到底，是什么让人类如此独特？我们先列出一些人类独有的特性：

1）幽默感；

2）自我意识、自我监视、自我反省、自我改造；

3）性受虐狂和性施虐狂；

4）有意识的自杀，自我毁灭性的思想和行为；

5）为了信仰不惜受苦难，甚至牺牲性命；

6）想象不可能发生的事情；

7）对人或对事的爱恨交加；

8）任性、反复无常、自欺欺人；

9）自觉能动性，又称主观能动性；

10）瞬间的悟性（顿悟）。

在漫长的进化过程中，人类超越其他物种，变得复杂和多元。我们生活在世界不同地方，拥有不同的语言、文化、生活习惯，千差万别。然而，我们也共享一些特点，让人类在生猛多姿的生物圈中如此独特。下面将列举这些人类共享的特点。

人类的自我

人类可以说是所有物种之中自我意识最为强烈的。婴儿在 18 个月左右就能够认出镜子里的自己。其他的物种，例如海豚、猿猴、大象、杀人鲸甚至喜鹊等动物，需要长时间暴露在镜子前面，才能够形成类似的自我识别。自我识别只是形成自我意识的初步，是必要条件，不是充分条件。拥有完整的自我意识体现在以下几方面：

能够区分自我与非我："区别于其他万物，我是一个独特的存在。"

独特感："同类之中，我仍是独特的。"

完整感："我是一个不可分割的整体。"

拥有感："我是我自己的主人。"

自我恒常性："无论我在何地，处于何时，我还是同一个我。"

这种自我意识可以说是人类所特有。人类不仅能够区分我和非我，更能够拥有自豪、自信、自卑、孤独等复杂的自我心理。自我意识、自我监控、自我反思、自我探索，所有的这些课题构成一个学科领域，叫自我心理学（self psychology）。心理学的主要任务就是研究人类本身。自我心理学则更进一步探讨自我如何看待自我本身，也就是说，"我"是研究者，同时也是研究的对象，这在所有学科中是独一无二的。

自我是奇妙的东西，是无法穷窥的。置身于两面对立的镜子面前观看自己，两面镜子中皆有无穷无尽的自我反映。这样，我在看着我看着我自己……下次你们在理发店的时候，不妨试试看。这为心理学家提供了两个相对的视角：自我是观察者（self-as-perceiver），同时也是被观察者（self-as-perceived），或者说是自我主体（self-as-subject）与自我客体（self-as-object）。

现在，我们请你思考一下这个不常被讨论的问题：自我主体可否被直接观察？显然不可，因为在你观察它的那瞬间，自我主体已转换成了自我客体。这似乎使我们陷入了窘境，犹如进入了没有出入的怪圈。古代印度思想家早已认识到这困境，《奥义书》中就写道：用什么方法能使知者（主体）为人所知？

人类所孜孜不倦探索的，归结起来有两个未知的世界，一个是浩瀚无垠的宇宙，一个是人类深邃的内心。宇宙的奥秘无穷无尽，世间有的是森罗万象；人心的深度无限深，潜藏着自我的各种可能。精神分析正是致力于挖掘人内心深处的无意识世界，探询本我、自我和超我之间的关系。然而，精神分析并没有解决自我心理学的一个根本问题，即我们如何能够直接审视自我本体。这问题涉及人类对内心世界探寻的根本途径，可以说是心理学家和哲学家都难以解答的"天问"。

符号和语言功能

人们往往认为鹦鹉学舌是简单的发音模仿，还常用"鹦鹉学舌"这个贬义词来比喻不经过思考、理解，只懂得跟着别人说话。然而，一只名字叫做亚历克斯（Alex）的灰鹦鹉，逼使人们重新审视这种观念。这事例来自艾琳·佩珀伯格博士（Dr. Irene Pepperberg）对亚历克斯长达数年的研究。

佩珀伯格博士认为，亚历克斯的智力接近人类五岁的儿童，并且还有非常大的潜力。它能够数到 6，它的词汇量大致有 150 左右，能够对 50 种物体进行命名，并且描述它们的颜色、形状与质感。它甚至会发问、讨论，并掌握例如"更大""更小""相同""不同"等概念。它亦懂得在惹怒他人的情况下，向佩珀伯格博士和其他研究人员道歉。

佩珀伯格博士最后一次和亚历克斯的对话，是一如平常的晚安道别，"保重"，亚历克斯说，"我爱你！"佩珀伯格博士回说，"我也爱你！"亚历克斯问，"你明天还会在这里吗？"佩珀伯格博士回答，"我明天会在这里。"不幸的是，第二天清晨，佩珀伯格博士发现亚历克斯已经老死在自己的笼子里；随之而去的，还包括它那足以媲美灵长类动物的智能。

动物能"说"人的语言，并了解其意义，已是认知能力上的一大壮举。然而，我们不能说亚历克斯已拥有人类的语言能力；因为语言背后的语义、语法等是亚历克斯所未能掌握的。在动物的世界中，能初步具备人类的语言能力，倭黑猩猩坎济（Kanzi）可算是首屈一指的。

坎济从小同它的母亲一起被饲养在实验室里，学习一套特定的符号系统。这些符号是由几何图形组成的，分别代表不同的词语。起初，坎济并不太感兴趣。后来，当它独处的时候，坎济居然自发地使用符号与人进行交流，并在没有特殊指导的情况下，很快便掌握了符号与事物之间的关联。

在此有两点值得特别注意。首先，坎济不是通过传统的动物学习过程，而是通过观察和模仿来使用符号的。其次，坎济在使用符号时无需额外的指示。这些特点正好说明了人类语言获得的过程：只需要将婴儿暴露在适当的语言环境中，他们便自然学会讲话。

坎济还能够理解英文口语。例如，当它听到一个单词，它能够正确指出对应的符号或图片。更耐人寻味的是，坎济能够应用它对符号的领会，去理解、诠释简单的句子，这足以表明它掌握了诸如词序一类的语法规则。

尽管坎济的语言能力令人叹为观止，但相比于人类来说，它还是处于幼年的水平。研究人员发现，坎济跟一个两岁小女孩的语言能力大致相当。但随着年龄的增长，小女孩的语言能力逐渐抛离了坎济。特别是对语法的理解，坎济始终停留在两岁半小孩的水平上。

在使用符号和语言的能力方面，根本没有任何物种能够和人类媲美。我们可以使用不同的符号代表同样的东西，亦可以使用同一个词语表达不同的意思。例如，"你这个坏蛋"的意思可以千差百变——对情人，它是昵称；对讨厌的人，它是辱骂。我们能进行自我对话，自己做自己最好的听众。我们还能够玩文字游戏，口是心非，言此指彼。许多人还掌握了不同的语言，成为多种语言的使用者，在迥异的语音、语调、语法、语义之间游刃有余，这又是人类的另一独特技能。

在惊叹语言复杂之余，我们更赞许美妙的语言作品：有永恒价值的散文、诗词、史诗等。人类在各种文化背景下，使用多样而丰富的语言，千音百调，形态各异。哪怕是现代原始部落中所保留的语言体系，都跟其他体系一样，复杂而具有魅力和创造性。语言是人类所创的工具，但不是一般的工具，因为它具有改造其创造者的潜能。可以说，人类的语言本身就是造物的一大奇迹。

不可预测性

预测是科学的重要目标。然而，对于心理学家来说，预测一个人的行为却存在极大的困难。心理测量中有一个"信度"的概念，它指的是心理量表在多大的程度上具有跨时间、跨情境的一致性。理论上，信度数值在 0.0 到 1.0 之间，数值越大，测量结果越稳定一致。可是，无论心理学家如何费力改进量表，没有一个量表能够达到 1.0 的信度。

绝对一致的测量信度意味着什么？如果存在 1.0 的信度，我们就可以完全预测一个人的行为：受测者在何时何地都不会有预测不到的表现。这将是一个多么乏味、冰封的世界！这样的反思是必要的，但奇怪的是，教科书中却甚少谈及。"善变"是人的本质，人类复杂多变的心理特点，正是社会、文化丰富多元的源头。

"预测性"（predictability）是心理学研究的关键课题，在不同的时空领域里（诸如时段、情况、人际关系），预测性会有什么变化？在此，我们通过以下四种预测性，对此概念加以细化，这在教科书中也是绝少谈及的。

最简单的情况，就是预测性不受时空所限而比较稳定一致。可预知的可预测性（predictably predictable），指的是无论在什么时间、情境、人际关系中，行为都是可预测的。例如，"君子慎独，不欺暗室"，一个真正的君子，始终都是一个君子；"江山易改，本性难移"，一个无药可救的小人，走到哪里都是小人。另外还有为数不少的人，始终较为简单、淳朴、可靠、没有心眼；另外一些人却显得墨守成规，古板木讷，失之风趣。

不可预知的可预测性（unpredictably predictable），指行为虽然可预测，但不稳定，我们难以准确地预知。有时候行为会随着不同的时间、情境或人际关系而变化。例如，某个人的行为模式可能在一个关系中较为稳定，但在另一个关系中却显得变幻无常，问题是很难弄清在什么关系中是最稳定的。

可预知的不可预测性（predictably unpredictable），指的是无论时空如何，行为都是难以捉摸的。也许，这是人类行为中再寻常不过的一种表现。多情善变是人类的一大通病，在毫无预兆之情况下，人们往往就会突然改变他们的想法与动向，真是可谓"人心难测"。在威尔第的歌剧《弄臣》里，男高音唱道，"女人是善变的"。不过试问，她们若不善变，还会同样可爱吗？

不可预知的不可预测性（unpredictably unpredictable），是毫无预测性可言的行为模式，我们连善变行为会在何时何地发生都搞不清楚。这样的行为模式，是彻底捉摸不透的，真会让你摸不着头脑，啼笑皆非。

你有没有想到，你身边的某个人会属于哪一个类型呢？他会不会突如其来地表现得反复无常，阴晴不定？他是否很有个性，或者说得难听点，脾气太古怪了？或许，你只是根本对他不了解。

自欺欺人

欺骗，不仅人类所独有，一些聪明的大猩猩也能够掌握欺骗同类的能力。它们能够把食物藏起来，然后误导它的竞争者去别处寻找食物。然而，欺骗自己则需要更高层次的认知能力和自我概念，而这些只为人类所独有。莎士比亚在《哈姆莱特》中写下一段话，现翻译如下：

> 至要的是，你要对自己真诚；
> 犹如亘古不变之夜必随昼，
> 如此，你则不会待人虚假。

自欺欺人是人类的特性。面对美好憧憬和残酷现实的差距，有些人往往选择对自己不真诚。正如诗人艾略特在《焚毁的诺顿》（Burnt Norton）里面写道，"人类不能承受太多的现实"。因此，人们难免用尽方法来扭曲，甚至篡改难以接受的现实，让自己过得好一些。

尽管我们没有人愿意被骗，但是我们却时常欺骗自己。"阿 Q 精神胜利法"不仅为中国人所独有，更是全人类的通病。一些人甚至幻想着自己生活在一个乌托邦世界当中。然而，这种不切实际的想法往往给人带来更多伤痛。正如鲁迅所说，真正的勇士敢于直面惨淡的人生。

作为一个法律心理学家，我（何友晖）有些时候需要到法庭上提供专家证词。在发言之前，我需要立下誓言，"我将说真话，全部的真话，除了真话其他都不说。"每次我都觉得自己在发"假誓"，因为我根本不相信一个人能讲出全部真相。但是，我还是建议我们的读者要讲真话，并且除了真话其他都不要说；然而，没有必要在任何情况下都要把真话全盘托出。

批判精神

西方基督教的圣经简述了人类堕落凡间的故事：亚当和夏娃不听从上帝的旨意，反而受到了撒旦的诱惑，偷吃了禁果，被逐出了伊甸园，从此面临着生老病死的无奈。这一故事通常被用来佐证人类的原罪及服从上帝的必要。然而，我们也可以从这个故事里面看到人类质疑与不服从的天性。

质疑权威的结果往往是不甚愉快的。然而，桀骜不驯的本性却让人类在很多情况下都选择不服从。这正是自由意志萌芽的体现。因为不轻易服从，人类懂得了质疑和批判，不断地自我审视；因为不轻易服从，人类渐渐得以在与自然的博弈当中占据优势，吼出"人定胜天"的口号。

尽管不服从与批判精神让人类在天地万物之间变得非常独特，但是，我们还是要强调人类应该学会敬畏。不服从自然规律，将会给人类带来毁灭性的下场。人类为了发展经济，伐木为田，移山填海，极大限度地打破了自然的局限，给我们的生态带来了破坏，如沙漠化、温室效应、臭氧空洞等等。

放之于日常生活，道理也应该如此：我们可以勇破成规，但请先明晰生命的法则。

结　语

　　到底什么才是人类与非人类在智能方面的根本区别呢？我们认为，这种区别在于人类的高级认知能力：元认知（对认知过程的认知，参看 p120《辩证思维：人类思维的顶峰》）。在上述讨论的大部分特点中，元认知能力都是重要的基础：没有自我对自我的审视，人类自我的心理难以形成；没有思维内部的斗争，道德抉择的困境并不存在；没有高超的自我说服能力，自欺欺人根本不太可能。因此，我们可以说元认知能力使人类在天地万物中变成了一枝独秀，无可媲美。

　　一些读者可能会感到困惑。我们所讨论的人类，是任性而不可预测的，会说谎会犯错，常常自欺欺人等。听来这些都是负面的东西，难道人类只有负面特性吗？需要指出的是，正是元认知让人类可以有上述负面的表现，而这些表现恰恰是生命活力翻滚的体现。负面的表现有其积极的意义。没有这些独有的智能，个体不可能拥有完整的自我，更无法探索自我本身。同样的，人类也无法对自然或社会环境进行有系统的研究，换句话说，科学根本无法出现，这样一来，社会和文化只会停留在原始阶段。

　　我们邀请读者放开思维，考问人与非人之间的根本差别，更期望读者能够在这思考过程中，得知如何驾驭上天赋予我们的智能财富，而享受丰富的人生。即使到了年老的时候，也像年轻人一样内心充满着希望和活力，更好地体悟到"如何为人"和"如何爱人"。生而为人，真是我们的福分！

04

记忆歪曲与虚构：法庭目击证词不会冤枉好人吗？

有不少人认为心理学家是古怪又麻烦的一群人。他们经常质疑人们认为理所当然的事情，并提出让人为之一颤的想法。例如，我们将要讨论的话题，就是挑战你的常规想法——眼见就一定为实吗？法庭目击证人的供词是真的可靠吗？

你有没有被人冤枉的经历？你是否对冤枉你的人怀恨在心？相信有这种感受的人并不在少数。实际上，指认你的人可能只是记错了，而并非有意陷害你。在日常生活中，记忆失误尚且或多或少地存在着，更何况是在执法和司法等复杂程序过程中。

不少心理学研究结果显示，人类记忆受到各项主观和客观因素影响，有时出现扭曲和偏差。就法证学而言，这意味着目击证人的供词很可能不如我们想象般可靠。在法庭上，目击者证词是非常重要的判案依据。许多目击者和案件本没有直接的利益关系，他们只需要把所见所闻如实回忆叙述出来，便基本符合呈堂证供客观与真实的要求。

但是，法律心理学家对此并不完全认同。近些年来，他们通过严谨的研究发现，目击者的证词并不完全是客观和真实的。有些时候，目击证人即使是无心之举，仍会很容易错认人，而导致无辜者含冤蒙屈。

目击证人的供词

近数十年来，心理学家对于人类记忆的扭曲和误差问题，表现了前所未有的兴趣。其中一条问题是律师和执法机关害怕提出的：目击证人的证词在何等程度上准确从而值得信赖呢[①]？心理学家经仔细研究后得出的答案是清楚不过的：目击罪案的证人往往错误地将无辜的人辨认为罪犯；在描述犯罪重要的细节方面出错；有时声称"记得"某些事件，但事实上并没有真正目睹这些事件。

研究目击证人相关问题中，最重要的环节之一是指认嫌疑犯：警察把嫌疑犯的相片或透过单面玻璃让嫌疑犯一字排开，让目击证人辨别指认。即使真正的罪犯并不在所列的对象中，大多数的证人还是会"成功地"指认出一名"罪犯"。他们经常坚称自己"记得"那些并没有真实发生的事情。

曾有一项广为人知的研究，研究者查找并分析了 40 个特殊案件。在这些案件中，被指认的罪犯都已经服刑多年，有些甚至已经在狱中老去，但新的基因测试结果却证明了他们的清白。令人震惊的是，涉及误认罪犯的案件高达 36 宗，比率为90%。

另外，目击者对证词的自信程度与证词的准确性并没有必然的联系。然而，目击者在指认罪犯时，所表现的自信程度会影响审判员判断证词的可靠性。事实上，那些坚信自己看清案发细节的目击者，他们回忆的内容可能错漏百出。那么，目击者对所提供证词的自信程度和证词的准确性之间存在什么关系？虽然在学术上还无法作出定论，但法律心理学家已有警惕：无论目击者对证词多么自信，目击者的证词仍可能存在诸多问题。

另有实证研究显示，耳听证人的准确程度低于目击证人的准确程度。分析结果还显示，耳听证人往往过于自信。一般来说，耳听证人的信心对辨认罪犯的准确性并没有太大关系。

人类记忆的本质

为了更全面地了解这些研究结果的重要性，我们需要重新探讨人类记忆的本质。你是否曾有某种"似曾相识"（déjà vu）[②]的经验？例如，你新到一个地方，虽然知道自己以前没有来过，但却总觉得这个地方很熟悉。这种似曾相识的经历实际上来源于记忆的模糊特性。

我们都知道人类的记忆不是录像。人类的记忆无法对事件相关信息进行百分之百的复制和还原。回忆并不是单纯地把这些录像重新播放一遍那么简单。目前

---

① Ho D Y F. 2002. A forensic psychologist looks at the reliability of eyewitness evidence. Hong Kong Lawyer，12：53-59.
② 法语。

为止，科学家还不能确定记忆的储存方式。单神经细胞的激活，多神经细胞的连接，乃至遍布整个大脑的复杂神经网络，甚至于我们的皮肤细胞、毛发等，都可能储存着记忆。

关于记忆的早期研究，大多是将记忆比作仓库，我们将各种各样的信息存放在仓库中，在需要时再将信息取出。但我们不能保证每一次都能够完整地取出仓库里面的东西，由此也便产生记忆偏差。这种观点把大脑对信息的处理模式看成是静态和固定的，事实上简化了人类认知的过程。

新近理论更加重视"重构论"，它们重视记忆的编码、提取和建构的过程。根据这种观点，记忆被认为是一种目标导向行为。正如心理学先驱巴特利特所提出的，记忆不是信息的"存"和"取"那么简单，它是信息重构的结果。记忆的错误，也都是重构的错误。

记忆扭曲和虚构记忆

现在，我们并不是讨论大脑病理缺陷导致的记忆受损（例如失忆症），而是讨论人们正常情况下所发生的记忆误差。这样的讨论有助于我们理解为什么目击者会错漏百出。

记忆误差分为"遗漏"（omission）和"记错"（commission）两方面。遗漏误差主要关于忆述内容所漏去的地方。人们通常能忆述某件事的要点，但不一定能忆述具体详情。这是由于人们记忆容量有限，一些未被注意到或者时间比较久远的事情就容易被排除。记错则包括了记忆扭曲和虚构记忆。记忆扭曲是指记忆内容受到了主观影响，从而偏离了事实。虚构记忆即由于某些因素，使得当事人"记得"那些从没有发生过的事情，其本身严重偏离了事实。

作为影响回忆的一大因素，"提示语"被证明是可以引起记忆扭曲的。在一项研究中，实验者让被试（参加实验的人）观看同一段撞车的视频，然后让被试估计汽车当时的速度。实验过程中，实验者采用两个不同的问题去询问被试。第一个问题是："后面的汽车以多大的速度撞到（hit）前面的汽车？"第二个问题是："后面的汽车以多大的速度撞烂（smash）前面的汽车？"只是一词之差，就使得被问及第二个问题的被试回忆视频后，对汽车速度作出快得许多的估计。结果证明记忆会受到不同"提示语"的影响，而歪曲记忆内容。

虚构记忆可被理解为纯粹错误的记忆重构，而不是记忆扭曲，因为构成记忆的真实信息根本就不存在。大多数情况下，这种记忆重构的过程并非有意识的。

它具有以下特点：①可在各式各样的情形（包括复杂的现实情况）下发生；②可以无中生有或被他人输入；③可以非常持久；④可以具有说服力；⑤真假难辨。

目击者证词为什么出错？

从记忆的本质出发，我们可以更好地理解，为什么目击者证词有时需要大打折扣。以下是一些影响记忆准确度的重要因素：

1）记忆会随时间而改变、消退。例如，当被要求回忆三个月前的案件时，目击者可能已经忘记或者只有模糊的记忆，在提取过程中发生记忆扭曲。

2）紧张或压力会影响记忆存储过程。很多刑事案件涉及严重的暴力，受害者或目击者在惊恐的情境下，其记忆能力有所下降，因而事后回忆可能包含虚假成分。

3）个人动机和偏见会干扰认知或回忆的准确性。例如，厌恶引起更多消极的回忆，喜爱引起更多积极的回忆。这将导致记忆根据个人态度和观点，而发生不自觉的扭曲。在一项研究中，一批参与者观看两名陌生学生的会谈过程。研究人员指示该两名学生以有礼、粗野或中性等不同方式谈话，藉以操控参与者对他们的喜恶。随后参与者忆述两名学生在会谈中提过的考试成绩，结果发现参与者的记忆扭曲了，对"喜欢"的学生作出较为良好的忆述，对"厌恶"的学生作出相反的倾向。

4）图式（schema）可以影响回忆的过程。图式是指已存在的知识结构、世界观、对事件的期待等，它会造成辨认偏差。例如，目击证人在指认嫌疑人的过程中，可能会受到图式的影响，误认"长得最像坏人"的人为罪犯。

5）信息来源的混淆。例如，张三说的话，可能被错误地记忆为李四说的。虽然记忆的内容正确，但是信息来源容易记错，这是记忆扭曲的典型例子。

6）记忆受到"污染"。由事件发生直至目击证人被要求忆述该事件期间，证人可能因为听闻各类带误导性质或虚假的数据，而产生记忆扭曲。

7）暗示的影响。警方或律师的引导性提问影响证人的回答。例如"你是否看见破碎的车头灯？"和"你是否看见那个破碎的车头灯？"就存在明显的差别。"那个"引导人们先入为主地认为存在破碎的车头灯，从而倾向肯定的回答，导致记忆失真。

结　语

　　人不可能不出错。因此，依赖于证人记忆的证供，无可避免地存在弊端。目击证词有可能失误，完全依靠目击者证词并不能保证法律的正义。在司法过程中应该注意证人指认的方式，尽量避免暗示，并综合考虑证人案发时候的情绪和认知能力等因素的影响。这方面，可以借鉴于心理学，特别是犯罪心理学的许多相关研究。

　　无论如何，我们共同的目的是不能错怪无辜，并将真正的罪犯绳之以法，这也是正义最基本的追求。在我们的社会中，这种正义必须得到保障。因此，我们最迫切需要的，不仅是多几个"包青天"，还需要更为尊重科学地去实施执法、司法乃至公平正义。

　　在此，我们希望通过对目击者证词的局限性和人类记忆本质的探讨，引起人们对这个问题的更多关注。在日常生活中，我们也会面临记忆的判断与辨别，并或多或少受到它的影响。那么，请你在那时能够"回忆起"这篇文章，更为谨慎地去处理事情。

Part 5

教育的痛苦与回报

学有所成：多做功课与成绩优秀之和？

在儒家社会中，人们究竟用什么标准去衡量学业成就？为了学业成功，人们究竟付出多少代价？这种付出是否值得？教育的目标又是什么呢？

人们越是重视某项工作，花在该工作上的时间就越多，而结果自然也会比较好。在一项以作业为课题的跨文化研究中，发现中国儿童必须做的作业比日本儿童多，花在作业上的时间也较长；而日本儿童必须要做的作业比美国儿童多，花在作业上的时间也较长。在应付作业方面，中国儿童比美国和日本儿童获得更多家人的帮助，对作业的态度也比美国儿童更为积极。所以，中国儿童取得优异成绩不足为奇。如果他们未能达到高于美国儿童的水平，我们反而难以找到合理的解释。

中国儿童家庭作业之多，曾需要教育部下令学校给学生减负。然而，校方"明减"的同时却激发了许多家长的"暗增"。就算是曾受英国制度影响的香港，学生家庭作业也是远超于欧美。

关于学生课业沉重的描述已经无须多言，其后果也是有目共睹，但是对于家长、学校、教育者来说都是一个两难的问题。一方面大家都会在口头上反对，但私下里却是对学生课业沉重处于欲拒还迎的微妙心态。表面上学生课业多，是因为家长和教师的功利心作怪，都希望儿童能取得好成绩，从而进入更好的中学和大学。事实上原因并非如此简单，而有更深层次的文化和心理因素。针对学生学业繁重与作业量减不下来的现象，本章从儒家文化和心理学的角度来与读者进行探讨。

家庭作业与父母参与

要花大量时间在家庭作业上，一方面是学生，另一方面是家长。父母当然会强调努力用功的必要，但是子女努力后并不见得一定会取得好成绩；而父母在协助子女完成家庭作业时，也并不见得总是得心应手。这样一来，整个家庭内部的压力都会上升。

由于儒家传统重视努力，所以学生难免要花大量时间来做家庭作业。儒家重视家庭对儿童教育的责任，因此期望父母能协助儿童应付家庭作业。问题是，有时候即使学生做再多的作业，成绩也无法提高。更有证据显示，有学生因急于追求好成绩而损害了精神健康，比如学习压力诱发高度焦虑、抑郁、畏校等症状。

当然，这并不是说家庭作业毫无用处。一项西方研究曾发现，当学生和父母都对家庭作业怀有热情时，这些学生能够完成更多的作业，作业的正确率也更高。而那些与父母态度不一致的学生则正好相反。即便是在教育环境相对放松的美国，孩子也需要完成家庭作业。问题的关键在于作业的质而非量。

人们经常进入这样的误区：读书的目标是在考试中取得优异成绩，从而进入名校。所以，只有多做功课和多补习才能够达到目的。因此，父母总是"乐此不疲"地监督学生用功的情况。从小学到中学，父母每天总也不忘唠叨一句："今天你做作业了没？"有趣的是，做功课的时间长短，与吸收程度及考试成绩，并没有直接的关系。当我们重新思考理想的学习环境和全面的素质教育时，我们不禁要问：多做作业和多补习，是否是取得优异成绩的最有效方法？优异成绩又是否能真正代表学有所成？

总而言之，我们需要探讨以下的问题：过分强调作业的分量是否误导人们相信"量多质便高"？中国儿童是否被剥削了玩耍、课外阅读和参加其他活动的时间（请谨记，这些活动对儿童心理的平衡发展乃是极为重要的）？儿童努力学习后是否能得到一些具恒久价值的东西？

功课数量=学业质量？

在当前的教育体制中，学生常常身陷题海战术之中。大多数老师和家长认为，要提高学生的学习成绩，就应该让他们多练习。市面上各式各样的教辅资料几乎年年再版，层出不穷，涵盖了从小学到中学各个科目。家长们总忙于为孩子们抢购这些教辅。诸如《满分作文》《解题宝典》之类的书籍填满了学生的书架，然而一些经典名著却常常无人问津。学生教辅资料之多，已让学生们从"背着书包上学堂"演变为"拉着书包上学堂"。

遗憾的是，很多学生并不会真正使用这些教辅资料。家长们的唠叨和老师的督促反而增强学生对这些功课的厌恶。因此，比较明智的家长会让孩子自己选择是否使用这些"课外"资料，或者由他们自行购买所需的教辅。通过鼓励学生的自主性，调动学习的积极性，其结果相当可喜，学生更加愿意倾心投入到学习当中。

学生和家长普遍认为，只要努力和用功必然可以收获好成绩。但现实是，学生为应付家长和考试做出的努力，并不见得一定会有效果；而父母在协助、督促子女完成家庭作业时，也不见得总是得心应手。"努力、用功"后无进步必然带来学生巨大的压力和挫折感。

兢兢业业、皓首穷经是儒家传统的学习观。然而，强调学习的刻苦并不是让我们只关注用功的数量，而不去考虑它实际的功效（质量）。真正的用功是调动自主性，开发创造力，继而全面提升知识和技能。因此，用功学习包含着讲究的学习方法。古人埋头苦读、悬梁刺股、萤囊映雪，这种精神固然值得赞扬，然而，孟子说，"尽信书，则不如无书"；韩愈更特别指出了读书应该"提纲挈领"。在读书和学习过程中，量变不一定引发质变，练习的数量不代表知识的含量。另一方面，假如学习过程中只充斥着功课、背书、做练习、补习和考试，学生的心智水平必将很难从中得到突飞猛进的提升，更难以谈及发挥才智、创新创优。

考试成绩 = 学习目标？

有些老师和家长会给学生设定学习计划，这是好习惯。然而，他们却常常把学习目标直接量化为考试成绩或排名。"下一次考试你要考到 90 分以上"，或者是，"下次考试你必须要进入前 10 名"等等。于是，很多学生不断盯着自己的成绩和排名，忧心忡忡地参加各种考试。

而高考作为中国教育的一根"指挥棒"，在每个人的学习生涯甚至整个生活中，更占据着重要的地位。学生、家长、老师，有时候甚至连社会上的其他人士，如警察、的士司机、酒店客服等，都需要严阵以待。学生在学习的同时，更把全部心思都灌注在这个决定前程和命运的大考上。有些人从上午 5、6 点起床便开始一天的奋战：背单词、背古文，做练习册，做模拟题。直至深夜 11、12

点才依依不舍地就寝，随后觉得自己不够努力，挑灯夜战的更是大有人在。这种极端的考试状态折射出的就是学习目标的高度僵化，求学即为了求分数，求分数即为了进名校。一旦与所谓的名校失之交臂，便是痛哭流涕、捶胸顿足，有些甚至觉得自己的前途没有希望了。

有一位充满焦虑的学生曾说："我害怕自己高考考不好，如果考不上清华和北大，我就一点前途都没有了，那我活着也没有意思了。"学生有这种念头并非仅是骇人听闻的瞎说或个别的特例。在我们的教育工作经验中，这是有代表性的。许多起于高考失利而自杀或精神失常的个案已不幸发生。

素质教育 ≠ 不做功课、不重视考试

近二十年来，人们越来越意识到一味强求学生刻苦用功的弊端，因而很多教育家提倡素质教育，政府也配合制定了相关政策法规。然而，就当前素质教育和高考制度的改革情况来看，我们的教育有可能走向另一种极端，即让学生有一种虚幻的想法：不用听课，不用做功课，多参加活动才是一个人能力的体现。

这种趋势主要表现在当前的高等教育中。许多大学生经过中学六年高度紧张的学习状态之后，在大学阶段意识到能力更重要。于是没有选择性地参加各种活动，甚至过早地进入社会，从事实习、实践。有些人竟以牺牲正规的课程时间为代价去参与活动，来表明自己不是一个"书呆子"。最近，这种略微浮躁的风气正在向高中和初中蔓延，学生间从学习成绩的比拼转为参与社会实践和比赛活动名次的攀比。显然，这已远远背离了素质教育的初衷。我们反对过多功课，并不赞成以考试论英雄的做法，但我们并非否认功课和考试在学习过程中无可替代的作用及地位。课程作业有助于学生将学习系统化、知识体系化，考试更是促进和检验学习效果的良好途径。即使是素质教育，也离不开它们。只有当课程的学习僵化于大纲的体系之内，考试的成绩变得比学习本身更为重要时，才是偏离了教育设计者的初衷。

因此，在自主招生为标志的新型高考制度中，教育工作者应该努力培养学生的真才实学：除了知识和智能方面的充实之外，还应包括学生个人的心理承受能力、思维能力、应变能力和想象力，这些都是健康向上的社会人所应具备的能力。对于还在学习生涯奋斗的学生，更要端正对考试的态度：考试固然重要，但其价值只在其本身的过程。老师应该教会学生，如何在考试过程中获得成就感和充实感，而不是强调竞争和排名。如果笔墨无益于应对挑战，那么学之又有

何用？

结　语

　　从以上的讨论我们可以看到，在当前的教育中，迷信作业、重量不重质的顽症，并没有消除或减轻。自古到今，艰苦总是在学习时光中伴随着中国学生，极端者如悬梁刺股。难道我们学生就应该苦于学习，而不是乐于学习吗？

　　我们需要拥有这样的教育体制：不单纯以成绩的高低、排名的前后来衡量学生的成就，而是关注他们心智的成熟、品德的健全及才干的精炼；学生不再背负沉重的课业负担，而能够在得当的方法指引下突飞猛进；考试不再限制学生探索广漠的知识范围，而是作为引导学习的过程，服务于教育的最高目的；学生不再被限制于大纲式的条条框框中，而有更多机会及选择进入深奥的知识领域，真实地发掘、发挥、发展个人兴趣和潜能。这样的教育才真正符合素质教育理念，有利于学生的全面发展。

02

为人师表：差劲与优秀的教师

我们都曾身为学生，都曾见过许多老师。他们有优秀的，也有差劲的。且不谈一些品行败坏、任性妄为，乃至虐待学生的极端案例，一个教师光是言行不一、自信不足或责备求全就足以让学生反感。教师，别忘记自己作为学生的时光，应该时刻警惕自己，是否正在变得差劲。

与学生同行必有我师。将心比心，教师能够进入学生的世界，体会他们的感受吗？下面，我们先阐述差劲的教师如何教学，这样会更能够引起读者思考，什么才是优秀的教师（参看 p149《听从与反抗：权威主义下的师生关系》）。

差劲的教师

差劲的老师很可能做过以下事情：

> 言行不一引起学生反感；
> 摧毁学生的自信心；
> 令学生自惭形秽；
> 扼杀学生的创造力；
> 令学生失去学习的兴趣或成为书呆子；
> 培养学生成为情绪上无动于衷或急躁莽撞者；
> 剥夺学生的童年。

差劲的老师将培养头脑僵化、情绪不稳定、精神贫乏、对政治漠不关心或愤世嫉俗的学生。下面，我们将举一些例子，引起教师们的警惕。这些"反面教材"来自于平常的课堂，并非我们凭空捏造，将会引发学生读者们的感叹。

教导学生无视老师的命令

不注重自己说的话。命令发出后学生置若罔闻，老师却听之任之，而不及时采取有效手段使学生听从。例如，时不时大吼"安静"，等到学生真的在吵闹却不管他们。老师自己言行不一，罔顾自己对学生的承诺，失去学生的信任，学生便不愿听从老师的要求。

羞辱和惩罚学生以维持纪律

经常随意羞辱和惩罚学生，直到他们对你恨之入骨。发现学生行为不端，立即羞辱他，使他觉得自卑。荒谬地认为惩罚是让孩子害怕权威、遵守命令的良方。更有甚者，认为调皮的孩子要当着全班同学"教训"，从而能够"杀鸡儆猴"。当然，也有些孩子喜欢"折磨"老师。有时候，老师越受折磨，他们就越表现得快乐。作为一种反击，老师全然不顾这种"折磨"背后的诱因，反而决意把孩子，甚至整个班抓起来羞臊一番。

灌输畏惧心理

在开学的第一天就开始吓唬孩子，认为这样一来，他们就知道以后应该规规矩矩。告诉学生世界充满了危险（但并不解释清楚）。使用"不要相信任何人"一类的语言，尤其告诫女孩子"不要相信男人"。威胁学生："如果你不规矩，我就把你在学校的表现告诉你的父母。"

施加压力

不断告诉学生，整个家庭乃至国家的未来都寄托在他们身上。"不努力学习，将来就只能去做乞丐讨饭吃"；"父母不会想要不认真读书的小孩"；"努力学习，成为国家栋梁；不努力学习，则将会成为国家的蛀虫"……以此种种语句，借以灌输学习的重要性。殊不知这样一来，无形中给学生增加了压力，还可能产生反后果。

摧毁自信心

老师对自己说："孩子年纪轻轻，哪里知道什么是自尊"。于是，孩子成功时不鼓励他们，因为老师认为成功本就理所当然。孩子失败时就当面取笑他，或者尽量掩藏对他的失望，心底却说他愚蠢、没用、一无是处。总是要求学生的表现，超越他们的能力或成熟的水平，却从来不引导他们如何一步一步达到目标。试问，这样的老师能够培养学生的自信心吗？

假定所有的问题源自孩子

认为如果孩子不听话或者表现达不到标准，问题一定出在孩子身上，从来不去考虑其他因素，例如：①学生以前就读学校的经历；②错误的教学方法或课堂管理；③被教师或同学排斥的自然反应；④不和谐的师生关系；⑤学校自身不利的环境、压抑的气氛、扭曲的价值观或错误的教育观念等。认为来一个"问题儿童"的标签，就可以解析一切。

把学习与枯燥联系一起

抓住每一个小问题不放。从一开始就反复向孩子灌输学习是艰辛的，充满痛苦，毫无快乐可言。每周机械地重复听说读写等练习。将复述和背诵课文作为学习的关键，至于孩子是否理解所学习的内容，则无关紧要。

过于重视考试

在教学过程中，将考试放在学习的首位。一切以考试为目标。不重视学生的素质教育，只知道考试和分数。有些老师甚至会剥夺学生的锻炼时间，在考试前禁止学生参加体育活动。他们认定考试成绩是学习表现及成果的有效指标，提高成绩就是对学生和父母承担作为教师的唯一责任。

安排超荷作业

作业重量不重质，作业越多越好，让学生父母以为老师教导有方。让学生反复做同样的作业，重复再重复，却从不关心学生是否已经超出负荷，也不顾作业本身的质量。心中定出不成文的假设：作业完成量 = 读书用功程度 = 成绩优劣。学生成绩不佳，全因他们自己努力不足。

向学生灌输遵从课程大纲的思想

强调教学过程已经涵盖整个课程大纲，并将大纲等同于学生所应掌握的所有知识。精心设计课程，细微到课堂的每分钟该做什么、该说什么。向学生强调课程提纲之外的材料不会考，所以不用去管，"要知道时间是很紧迫的"。认为课外阅读对学生的考试没有帮助，不应该干扰"正常"的学习。

遵循以教师为中心的教学方法

老师讲，学生听。以教师为中心的教学方法，是自始以来教学的"黄金法则"。不称职、不自信的教师于是心安理得，不鼓励甚至禁止学生提问，尤其害怕被问到一些自己回答不了的问题。他们忽略了问题背后值得关注和探索的涵义，阻碍学生发散性思维和开创性思维的发展。

盲目追崇多媒体学习的时尚

时下流行在课堂上使用投影仪和幻灯片等多媒体设备。有些老师不管教学的内容和对象，盲目使用，似乎只有这样才可向同事和领导炫耀自己教学技艺之高；有些利用多彩画面和奇特音效授课来吸引学生；有些甚至没有幻灯片就不知道怎么讲课，将多媒体完全凌驾于内容之上。我们不得不思考，假如苏格拉底活在这个信息时代，以使用反诘法著名的他，会怎么开展教育？

以死板的方式教导思维和创造能力

直接指导学生如何获得思维和创造能力。在教导过程中，只教学生需要掌握什么知识，并把复杂的思维过程，简化为直白的只言片语，直接列出该做和不该做的事项，省略了其富含深意的推理过程。这样做太公式化了！所谓的创意教育是如何启发、创造条件，让学生自己去挖掘他们的潜能，并不是直接指导学生如何去思考、创造的（参看 p206《创造力：21世纪的财富》）。

优秀教师的秘笈

那么，到底什么样的教师才可称得上是优秀的教师呢？世上没有完美无瑕的人，但是却有很多人在自我完善的同时也感染着别人去进取。

一个优秀的教师具备良好的个性特点，善于建立和谐的师生关系。教师这种特殊的职业要求他们要乐观开朗、情绪稳定、充满自信；要求教师富有移情能力，真正关心学生；要热爱本职工作，对工作充满热情。一个好教师会以身作则、言传身教，会为人谦逊、不固执己见，会心胸开阔，有足够的自信去面对自己的不足，勇于在学生面前承认自己的错误，而不是以权威自居。

优秀教师会喜欢学生，努力与学生建立良好的师生关系。对待学生，他们宽容而不纵容，严格而不苛刻，一致而不死板，灵活却有原则。他们尊重学生自主和独特的个性，不会伤害学生的自尊心；他们给学生充分的自由，允许学生畅所欲言，甚至挑战权威，但是会加以合理地限制和引导，让学生在享受自由的同时学会承担责任；他们激励学生，真诚地赞扬学生的长处，不会只盯着学生的弱点；他们会以发展的眼光看待那些所谓的"问题学生"，并真诚地帮助他们进步；他们努力去理解学生各方面的兴趣和爱好，与之进行良好的沟通。

优秀教师同时具有较高的专业水平。他们能够正确地制定教育目标，懂得教育是学生全面发展的过程，而不仅仅是获取知识的过程；他们不会把教学等同于讲课，把死记硬背当做理解，从而扼杀学生的创造力；他们能够创造良好的条件，让学生主动探索新知识，而不会用填鸭式教学来窒息学生的创造力；他们会精心备课，会不断学习有关的新知识。

优秀教师会不断接近教育的真谛，在教学成长的过程中，鼓励学生和自己一同去发现、运用和产生知识；他们能够与学生形成相互促进的关系，营造成长的理想条件，他们期待每个学生能够在自主学习的环境中发挥所长。

优秀的老师还能够意识到，学习是自我的学习，教育伴随着自我的转化与成长。他们认为学无止境，将自己和学生从遵奉课程大纲和迷信考试中解放出来。他们认识到，一名优秀的老师，是教育的引导者、亲历者，而不是一个若无其事的旁观者。总之，为人师表应有以下的优秀品质：

以身作则，言传身教。
乐为师表，寓教于乐。

宽容而不纵容；
严格而不严苛；
言行一致，而不反复无常；
灵活变通，而不刻板呆滞；
关心学生，而不过度保护；

有号召力，而不专横跋扈。

着重全人教育，而不单是授予知识；

为学生的成长，创造理想条件；

期望学生有最佳表现，但却不苛求；

激励而不威逼学生，更不会羞辱他们；

满足学生的好奇心，绝不扼杀他们的创造性；

尊重学生自主和独特的个性；

给予学生适度的自由，但须限于合理和明确的范围；

坚定承担管教的责任，要求学生对他们的言行负责；

确认师生在真理面前一律平等，犯了错误都要承认。

结　语

　　从以上的描绘看来，差劲与优秀教师的区别是最明显不过的。需要注意的是，仅仅避免使用差劲老师的教学方法是不够的，只有在教学中不断改进与提高，才能够成为一名受学生尊重的优秀教师。

　　许多年轻的教师，在开始教学生涯的时候都充满热忱，立志要做优秀的教育工作者。若干年后，热忱却是消耗殆尽了，不知不觉地堕入差劲教师的行列中。为什么呢？决定性的因素往往不在老师本身，而在社会氛围和整个教育体系。试问，教育工作者有没有受到真正的尊重？工作环境给他们多少满足感？这都是需要我们深度反思的。

听从与反抗：权威主义下的师生关系

"师者，所以传道，授业，解惑也。"千百年来，在我们的文化中，老师的作用远远超过了韩愈的理解。他指出，老师和学生的关系是"闻道有先后，术业有专攻，如此而已"，但"一日为师，终身为父"这种尊师重道的观念，已经深深印刻在学生的言行当中。强调教师威严的权威主义教育，一直以来都是中国教育的主要模式。在近代的社会变革中，传统师生关系的一些封建成分受到了猛烈的批判。与之相对的是，西方更注重民主式的教育氛围，强调老师和学生地位的相对平等。

中、美学生在学校的表现尤为反映了两种教育的不同。中国学生不敢直接质疑老师，提问总是先举手，等到获得发言的许可之后，才敢表达自己的看法；美国学生虽然也举手，但老师非常欢迎他们随时直接提出质疑；中国老师不可能习惯学生称呼他们的名字，美国老师喜欢学生直接称呼他们的名字；中国学生大多不敢和老师争论分数，美国学生较懂得和老师"讨价还价"。

儒家教育的三大教条

儒家文化的权威主义推崇三大教育教条[1]。这三大教条在生活中被人们尊奉，从而影响了学生的学习环境。

---

[1] Ho D Y F，Peng S Q，Chan S F. 2001. Authority and learning in Confucian-heritage education：A relational methodological analysis//Salili F，Chiu C Y，Hong Y Y（Eds.）. Multiple Competencies and Self-regulated Learning：Implications for Multicultural Education. Greenwich，CT：Information Age Publishing：29-47.

第一，教育是获得正确知识的途径，而非发现或总结新的知识。传统上，人们可以对知识无知，但决不鼓励人们对知识进行质疑和"曲解"。离开了任何已有的知识和标准容易被打上"异端邪说"的标签，而且这种思想被封建王朝所利用并强化，例如，明代的八股取士不但从内容上限制了读书人，甚至从形式上加以标准化。这无疑限制了创造力。

第二，教师是知识的载体，负责将知识传授给学生。教师知识的多少与年龄成正比，因此，教师被尊称为"老师"。在另一个角度上，因为教师掌握知识，传承知识，因此教师本身就逐渐被内化为知识的标准评判者，再成为知识的标准，任何对老师传授知识的质疑即被看成是对老师的质疑，反过来对老师的质疑也被视作是对知识的质疑，这两者对学生来说都是不可以越雷池半步的行为。

第三，文字比言语表达重要。文章一旦被奉为正统，即成为权威，不可侵犯。中国文化对文字的推崇可见一斑。慎言是一种德行，而随意发言被看成是鲁莽的行为。这也许能帮助我们了解为什么教师如此看重书写，而忽略了言语表达的训练。

可见，儒家教育思想重视知识传承，并要求学生克制冲动，服从约束，遵守标准；认为通过训练，倡导勤学苦练，学生就可以掌握知识。固然，这种倡导可以促使学生和家长接受沉重的学业负担；但也会造成创造性不强的后果，在极端情况下，更会让学生厌学，师生关系恶劣。

权威主义下的师生交往

研究表明，重权威的儒家价值取向仍然对教学思想和师生关系有很多不利影响。在中国教育中，学生仍然从属于教师。其主要表现为以下几个方面：①在教与学的关系上，比较重视教师教的过程与作用；②在教学方法上，师生都习惯教师满堂灌，而不习惯双方共同讨论；③学生对教师的评分很难提出异议；④在思想教育上，教师习惯简单训斥，不习惯平等的坦诚讨论；⑤在班级管理上，教师习惯发号施令，而不注意学生的参与和自我管理。在这样的师生关系中，学生在教师面前常常抱有无知和卑下的感觉，自信心不足，主动性和独立性差，缺少创新欲望。更严重的是，师生关系的问题给学生的身心健康造成了恶劣的影响，形成"学生怕学校、怕教师"的普遍现象。

在理想的情况下，教师应该爱护学生，通过自己在学术上的专长和道德上的良好表现来树立自己的权威。但是，不少教师做不到这一点，还利用角色上的优势地位来压制学生，对不听话的学生进行言语攻击，甚至体罚。结果，师生关系中存在不少紧张和冲突。

如果学校崇尚权威不改，课堂气氛会很难有所改善。在另一方面，尤其是在中国，学生的学业成绩越好，师生关系越好。教师会因为学生的表现来左右自己的情绪，对表现好的学生给予更多的关注与鼓励。这会对学习成绩差的学生造成压力，并使他们觉得自己被嫌弃和忽略。

权威主义与保守意识形态

总的来说，权威主义下的学生意识形态上更加倾向于过于保守。过去教育强调的忠君、孝道这些意识形态上的观念，逐渐成为中国文化的内核，即无可商量的权威价值观，尊重等级制下的礼节，来维系社会安定（参看 p67《权威与权势：传统中国社会的政治结构》）。

这种权威观念使得个体容易内敛而不外放，所谓"如履薄冰""谨小慎微""思谦冲而自牧"，就是其外显的行为模式。加上孝道文化所强调的父子之间的权力关系，老师和学生之间也容易演化出相类似的结果。长期在这种教育中成长的个体，将形成意识形态保守的惯性，因而很难突破成规，有所创新。其实，权威式教育也有它的好处。例如，我们教出来的学生在行为上"温、良、恭、俭、让"，是翩翩君子。他们同样也可以才思敏捷，但是若要在科学领域有创造性的发明或发现，恐怕有所困难。

近些年来，随着国学热的掀起，中国大陆经历了一场传统文化的回归思潮，这使得教育也有更加提倡权威主义模式的倾向。我们好奇，学生在权威主义下受到的教育到底能否茁壮成长？对此，我们采用了深入式调查（investigative research）的方法，可戏称为"八卦"研究法，全面地了解老师和学生在权威主义下的行为和心理[①]。

"八卦"研究的揭示

"八卦"研究法（深入式调查）是自然观察法的一种。所谓的"八卦"（粤

---

① Ho D Y F，Peng S Q，Chan S F. 2001. An investigative research in teaching and learning. In Salili F，Chiu C Y，Hong Y Y（Eds.），Multiple competencies and self-regulated learning：Implications for multicultural education（pp. 215-244）. Greenwich，CT：Information Age Publishing.

语），讲究的就是研究者凭借本身的探寻精神，在公开和不公开的信息中获取希望了解的信息。这包括发现和披露两个过程，在这两个过程中，研究者都深入到调查的情景中，或主动发现相关信息，或等待信息自动的披露。这种主动和被动相结合的观察方法，最能够帮助研究者发现事件背后的真相，将流言、当事人的态度、各方的观点统合起来，是一种全面的观察方法。

在权威主义氛围下，老师和学生之间的关系相当微妙。学生并不敢直接、公开地向老师表达不满。因而，仅仅依赖老师所提供的评价或者客观的成绩数字，通常无法展现学生全面成长的情况。因此，本书作者何友晖利用自己在各地教学多年的经验，为读者呈现在权威主义教育下，学生的成长及他们和老师之间的关系。我们总有这样的印象：中国学生对待老师总是很顺从的。然而，在课堂之外的观察发现，学生对待老师往往是不尊敬，甚至带有敌意的。

香港地区

香港地少人多，人们相互之间竞争激烈，在教育领域更是如此。大陆人士总认为香港的教育非常国际化，水平很高，学生素质很高。实际上，人们通过深入的观察发现，在权威主义思想的影响下，香港的教育也存在很多弊端，例如，老师吝啬于表扬学生，有些甚至公开羞辱学生，这都与国际化的教育印象所不符。

一个中学生的母亲曾表示："我儿子在数学考试中不及格。他们全班就只有两个学生及格。老师居然当场羞辱这些学生。当我找老师理论的时候，他竟然说我儿子读书读不好，其他的事情也都不会做得好。"这发生在 1986 年，现在这个数学考试不及格的学生已经是一名工程师了。

一个心理咨询师曾介绍过这样的个案，"学校的老师让考试不好的学生在走廊罚站，还在他们胸前挂一个牌子'我考了个零鸡蛋'，让经过的同学嘲笑他们，使被罚站的同学憎恶所有权力角色。"

人们对体罚和当众羞辱深恶痛绝。然而，这种现象在儒家文化中很难得到根绝。究其根本，就是老师滥用权威。大多数学生采用消极接受的方式，然后将憎恨权力的种子埋在心里。当他们有一天获得高于他人的权威之后，亦很可能会滥用自己的权力，以宣泄压抑多年的不满。这是教育不当的一个通病。

现实中，学生并非毫无反抗。他们也会想方设法来羞辱老师。例如，在上课的时候一句话也不说，采用消极暴力（passive aggressive）的方法制造师生冷战的局面。另外，当老师犯下明显的错误时，学生就会咬着不放，不断追究。因此，事实上学生和老师之间的关系并不和谐。

大陆地区

与香港情况类似的，大陆地区的教育也存在权威主义的弊端。例如在 2012 年，山东发生了幼儿园老师虐待儿童的事件。在这里，我们为读者提供三个情境。读者可以看看，在你身边是否曾发生过类似的事情。

情境 1：当众羞辱学生。这种情况尤其出现在思想道德教育中。一位学生向我们讲述了他所亲见的一个事例。有位同学偷摘了别人家的苹果被人发现了，然后告诉了老师。老师于是借机把这件事当做道德教育的机会，当着全班的面批评这位同学，并且告诉他们，"小时偷针，大时偷金"，要全部同学引以为戒。这种教育方法杀鸡儆猴，看似有效，但实则上充满隐患。一来严重伤害了一个人的自尊，同时也造成了同学之间日后相处的不便。

情境 2：虚数的概念。一位高中的老师向学生介绍虚数的概念，但是同学们不能够理解。老师讲了很多遍，然后学生仍然无动于衷。老师于是恼羞成怒，指责学生"怎么这么笨！"学生很无辜地反抗，老师更加生气。最后，老师要求学生将虚数概念的那一页课文连抄五遍，然后在气愤中下课。我们有幸了解到一些学生的看法：

> "如果抄五遍就能懂，那我们还要你干嘛？"
>
> "老师明明自己也弄不清楚，讲得不明不白，我们怎么能听得懂？"
>
> "老师自己或许没有好好备课，他顶多自己抄过两三遍，就要我们抄五遍？如果他自己真的抄了那么多遍，应该能够讲得清楚。"

可见，老师不当的教育最终演变成学生对老师能力的质疑。

情境 3：学生不听课。本书作者何友晖从 20 世纪 80 年代就开始在国内知名大学讲课。从前的学生在课堂里表现得很木讷，一板一眼。进入 21 世纪以后，学生变得较为主动，然而也出现很多学生公然在课堂看报、玩电脑游戏、睡大觉等现象，这都是在其他国家没有看到的。一些老师无奈地默许这些现象，认为"反正也管不了，随他们吧。"这是可悲的消极态度；失去权威后，老师不知道如何重新获得学生的尊重。

结　语

　　从心理学的思考和观察中，我们发现权威主义下的师生关系并不令人满意：①地位等级的鸿沟使学生和老师之间不会换位思考，老师以为自己是为学生着想，事实上却是相反的，而学生也无法真正体谅老师的苦衷；②学生和老师情感上出现疏离；③师生之间信息沟通受阻，学生认为老师高高在上，不好沟通，而老师也很少平等地与学生对话，平时说话大多带有教训的意味；④师生之间的矛盾受到压抑，这可能会为日后带来不良后果。总而言之，权威主义的师生关系如果处理不当，教育效果将会大打折扣。

　　根据深入调查所得的结果指出，权威主义教育下师生关系存在的弊端，影响到学生是否能够茁壮成长。然而，老师作为知识的传授者，应该具备必要的威仪，但这并不代表老师可以滥用权力。教师的权威并不是用来管制、压抑乃至惩罚学生，而应该成为鼓励、推动和促进学生学习的动力。

04

驯服与反叛：东亚学生真的很听话吗？

西方社会对东方的教育抱有不少的幻想：亚裔的学生很听话，欧美的学生比较不羁；亚裔的学生好教，欧美的学生总是意见多多；亚裔的学生心智成熟得快，欧美的学生总要放荡几年才学会成长。欧美教育家要效仿中国、日本、新加坡等亚洲国家在数学和科学等科目的教学方式。然而，《时代》周刊 2001 年 4 月的封面却打出这样的一个疑问：亚洲的学校都怎么了？越来越多亚洲学校频繁出现校园暴力和学生自杀事件，学生普遍缺失幸福感。当西方人对亚洲的教育模式幻灭时，我们更应该好好反省一下：我们驯服、恭敬和听话的学生都怎么了？

中国学生真的很听话吗？

曹雪芹在《红楼梦》第九回中描写了贾宝玉、秦钟、薛蟠等人去家塾读书的情况。他们都无心向学，薛蟠更是假借读书为名，满足其"龙阳"之兴："不过是三天打鱼，两天晒网，白送些束脩礼物与贾代儒，却不曾有一些进益，只图结交些契弟。"一天司塾贾代儒不在，这群学生因为争风吃醋、搬弄是非、吵吵闹闹，最后动手打架："众顽童也有趁势帮着打太平拳的，也有胆小藏过一边的，也有直立在桌上，拍着手儿乱笑，喝着声儿叫打的，登时鼎沸起来。"这段话充分揭示了家塾里的情况：学童无心向学，醉翁之意不在酒，去上学为了结交朋友，有的起哄闹事。

这段话也佐证了"驯服、恭敬、听话"的中国学生，不过只是由来已久的刻板印象——并不一定有真实性。学生的表现会偏离人们的预想假设，可以在老师面前表现得恭敬、服从、沉默，也可以在老师背后表现不恭敬、不合作、消极对抗甚至敌对。

不好教的学生

现在，随着中国经济的发展，学生群体明显发生变化。这些学生出生在计划生育施行的年代，他们都是父母的心头肉，祖父母的掌中宝。他们生于较以往富有得多的时代，在享受家庭亲友宠爱的同时，部分人也变得不思进取、安于现状。面对他们，该如何因材施教？

权威主义下的教育在此时不见得能够发挥作用。有时候学生家长甚至比老师更有权力，诸如"我爸是李刚"一言，虽令人错愕，但若在学校，相信可震慑住不少人。吊诡的是，不少家长变相"贿赂"老师，让老师在学校多多"关照"他们的子女，希望让子女担任学生工作的要职，多给他们补习和课堂上的关注。于是，中国教育出现了两个极端：一个是老师地位凌驾于学生的"权威教育"；另一个就是老师服务学生的"保姆教育"。

教不好的老师

在老师惊呼学生难教的同时，学生也在抱怨老师"教不好"。在中国，老师通常是权威的代表。权威感支撑着他们的自尊，并直接影响着教学的效果。但是，在渐渐畸形的师生关系中，他们的权威感受到了威胁，冲击着他们的自尊心。学生在质疑老师的教学方式的同时，甚至质疑老师的知识和能力水平。

在谈论权威主义的章节中，我们提到了一位高中数学老师教虚数的实例（参见 p149《听从与反抗：权威主义下的师生关系》）。那位老师讲了多遍，学生都没有听懂，恼羞成怒下老师罚学生抄书，反而招致学生对他教学能力的质疑。为什么这位老师讲那么多遍学生都没有听懂，是因为学生笨吗？抑或是他的讲课方式令学生无法理解？为什么他要恼羞成怒？让学生抄课本是为了泄怒，还是为了提高教学质量？无论如何，这位老师的做法备受诟病，"教不好"的印象一旦形成，他日后的教学工作便更难开展。

现实中，还有一些老师因为害怕被质疑，反而谨小慎微。在教学上更加依赖大纲和教材，按本宣科，不敢轻易发表自己的个人见解，表现得越来越不自信。结果是，他们越不注重树立自己的威仪，越是无法重塑自尊，继而越是无法获得学生的尊重。当然，我们还须注意，威仪并不完全等同于权威，它更包括了谈吐、言行、知识修养等各个方面，是教师在学生心目中所塑造的形象。

儒家文化中的东亚教育

上述情形也并非中国独有，在其他亚洲国家也是司空见惯的。例如日本就曾出现了名为"失序的课堂"（gakkyuhokai）现象，即低年级的小朋友不听话，课堂处于"无政府状态"。学生捣乱，但老师却无法有效管制，或者不敢管制，最终导致根本无法上课的状况。这就是"保姆教育"的极端表现：教师无法树立威仪，反而被学生牵着鼻子走。于是，正常的教学被耽误，学生也从低年级阶段就养成了为所欲为的个性。

另一种极端表现是权威教育的体罚现象，这在亚洲国家中屡见不鲜。例如，韩国中小学教育现今仍然存在罚跪、打手板、打屁股等做法。李文烈的《我们丑陋的英雄》（又译《扭曲了的英雄》）、殷熙耕的《汉城兄弟》等韩国小说都写到了教师体罚中小学男生的情况：被打的学生趴在地上作成拱形，老师用棍子抽打他们的屁股。

在亚洲不同的地区，许多老师还是不太容易接纳来自学生的挑战。事实上，没有人愿意被挑战，因为这带来了心理能量的严重消耗。权威主义教育可能并没有设想到教师会受到质疑。一旦老师的观点或者地位受到挑战，他们通常不知道如何面对，于是恼羞成怒，打压学生成为常见的做法。然而，这种高压的教育并不会让学生信服。相反，许多学生为了逃避体罚而与老师"斗智斗勇"，变得更加反叛。

对待批判的观点，西方的传统则采取不排斥的态度。正如柏拉图所说："吾爱吾师，吾尤爱真理。"又如伏尔泰的思想："我虽不同意你的观点，但是我誓死捍卫你说话的权利。"可恨这种自由开放的精神，在亚洲教育中尚未生根。

其实，亚洲学生和欧美学生并没有本质的差异。只是在儒家传统权威主义下，教育规定学生必须遵从一定的规矩，从而限制了亚洲学生个性的成长。伴随着西方思想观念的流入、网络时代便捷的信息传递，全球化环境下的亚洲学生日益开放，也相应地敢于批判，便逐渐变得愈加不"亚洲"了。

学生们的自主性越来越强，独立思考能力和批判意识也不断增长，这是一件非常可喜的事情。然而，我们还需警惕：假若学生批判而缺乏理性，对抗而不经深思，那只会造成更为可怕的混乱。打个比方，学生就像一棵小树，如果不加修剪地肆意成长，最终也只能够长成枝杈众多的杂树，很难真正成为参天大树的栋梁之材。十年树木百年树人，过去，亚洲教育体制希望培育整齐划一的大树，却压抑了小树独特的潜能；今天，难道我们为了确保每一棵小树的潜能，便要冒着可能令他们发展为杂树的风险而继续听之任之吗？这个问题值得家长和教育工作者深入思考。

结　语

今天的亚洲学生虽不像过去那般驯服、恭敬和听话，但这并非肯定就是一件坏事。学生的不服从标志着独立思考和批判意识的萌发，也给创新能力提供发展机会。然而，我们还需让学生懂得尊重老师、尊重他人。这种尊重不仅可以防止学生过度肆意妄为，还可以让他们在知识和个性上体现出应具备的教养。

当然，要学生尊重老师，还应该首先从老师自身着手。正如前面所谈及的，老师需要树立威仪，言传身教。我们并不希望看到学生在权威主义下被打压得噤若寒蝉，更不希望看到老师因不懂如何应对学生的批评或反抗而威仪扫地。总之，亚洲的教育不能再纯粹地依靠"权威教育"，还应慎防"保姆教育"的滋生。结合权威和个性的教育，才是亚洲教育的出路。

平庸与卓越：从应试教育到全人教育

　　许多学者在研究儒家文化教育时，都会遇到以下的矛盾：一方面，人们普遍认为儒家文化教育中，学业成就受到高度重视，儿童被鼓励在学校中取得好成绩；而事实上，受儒家文化教育影响的儿童确实在学业上表现优异。许多跨文化研究表明，中国儿童在数学和科学科目上有杰出的成绩；在北美地区，华裔儿童在学校的成绩高于平均水平，其中优秀者更被称为"神童"。既然如此，为什么中国现行教育制度还备受抨击？

　　我们根据一个主导理念对此问题进行分析。一言以蔽之，就是从应试教育转化到在儒家教育思想中全人教育的理想：除了学业成绩优异以外，还有更主要的人格完善发展。下面，我们首先诊断目前教育制度之弊端，从而得知教育改革的阻力何在[①]。

目前教育制度之弊端

把学生、老师、学校等级化的排序

　　在迈向知识经济的社会中，教育与国家经济之间存在辩证关系：教育已经成为服务于经济发展的重要手段，同时教育也随着经济发展而转型。在转型过程中，等级性的地位排序仍是强大的力量。在儒家文化中，社会阶级化的历史可说

---

① Ho D Y F，Xie W Z，Peng S Q，et al. 2013. Social Darwinism，status ranking，and creativity in Confucian-heritage education：Dialectics between education and knowledge economies. KEDI Journal of Educational Policy，10（1）：125-145.

源远流长，但脱离不了教育，不论学生、教师，以至教育机构都被评级与排序。在社会中的身份定位，除了个人成就表现以外，所属机构的地位亦为决定因素。因此，往往在学童婴儿期间，家长就已为他们申请"名牌"幼儿园。家长往往认为能否跻身名校之列，直接影响学童及全家的荣辱。

当然，入读名牌幼儿园的最终目的是进入中学及重点大学，在名牌学校包围下，这群精英学生自视高人一等；可是当部分"精英"在学习上遇到困难时，每每不能接受及面对"英雄也有落难时"的现实，反而把责任推到老师身上，骄傲和自尊令他们不肯正视问题的根本。曾有一位教授这样形容一所重点大学的学生："这些学生都十分聪明，但傲慢的态度是他们学习的障碍。"

另一方面，就读于底层学校的学生，通常都有严重的自卑感及形象问题。很多人难免对这些学生有某些程度上的歧视，而学生也因就读于这些非重点学校而感到自卑、沮丧及自暴自弃。同样的问题亦引申至二、三本大学的学生，他们会自视低人一等，极端情况甚至会自我放弃，继而影响学习动机。可见不论精英与否都会被排序问题困扰，在学习及精神健康上都蒙受其害。现今的教育制度就像一台分级机器，把学生分到不同等级的学校，同时亦歪曲了很多学生正常的身心发展。试问在此制度下，我们的下一代如何打好基础，迎接 21 世纪的新要求和新挑战？

要解决排序问题，并不等于要把所有学校划至同一水平，而是要致力于为"非精英"学校提高水平，令所有学校的质素提升至一定水平，让每位学生都有获得优质教育的权利及机会。假如不再有垫底学校，就不会再有差学生。学校与学校间亦可作良性的竞争，甚至互相合作，提供良好的学习环境。

我们认为，教育工作者应获得更大的自主性，超越经济与商业发展的需要而积极倡导教育本身的价值。我们提出了两个指导教育的基本价值观：第一，幸福比成就重要；第二，合作比竞争健康。

迷信考试

在儒家文化中普遍存在迷信考试的现象，把不同的东西画上等号：考试成绩=智力=学习表现=学业成就=未来学业成就=职业成败=社会地位=个人和家庭成就=个人价值和家庭荣耀。

小学的成绩是否会延续到大学或大学以上的程度呢？人们往往视学业成绩为知识追求的结果，个人成就本身也以知识水平来量度。其实，学校里个别科目的成绩只是当时学业成就的一个指标，我们不能因此对儿童未来的成就下断论。学业成就本身也不能算是智育的最终目标，更不是教育的最终目标。从教育价值观来看，培养批判、敢于创新、灵活应变的能力和追求知识的热忱等是更重要的。

当教育工作者、家长和学生都将应试作为学习的首要目标，那么创造力及独创性都很难得到培养而发挥。中国有一个流行的说法，"考、考、考，老师的法宝；分、分、分，学生的命根"。在日本也有"考试地狱"的说法。在日本、韩国和中国台湾地区考试的激烈竞争，迫使学生和家长采用祈祷、烧香、拜佛来寻求精神上的支持。日本学生向神道教寺院的神灵奉上供品和祈祷许愿的祷文，希望菩萨能够保佑他们金榜题名。简言之，在儒家传统文化影响下，考试成为了学习的中心，从而让学生丧失了体会学习中快乐的能力。试想，在这样的氛围中，创造力、独创性和发明精神如何生根发芽？

迷信考试的另一弊端，就是引起的沉重功课压力。很多人都有这样的迷信：读书的目标是在考试中取得优异成绩，而要考试考得好，就要多做功课、多做练习和多补习。但是，多做功课和多补习是否是取得优异成绩最有效的方法？家长衡量学校"级数"时，往往以功课数量为标准，功课越多，学校程度就越高，学校也越有名。学校方面，为了表扬"名校本色"，功课也是越出越多。繁重的功课背后，当然少不了用考试来将学生分等级，优秀学生会得到校方的特别照顾，好让他们在公开考试中为校争光。而在家长方面，安排补习和做功课已是家庭生活的重要部分。父母对子女最常问的问题是："做了功课没？"可是，家长问得越多，子女做功课的热情就越冷却，效率也越差；最不幸的是影响了亲子关系，不少家庭因做功课问题而需寻求心理学家的辅导。

事实上，早已有研究指出，做功课时间的长短与吸收程度及考试成绩并没有一定关系。假如功课沉闷而重复，缺乏趣味，学习兴趣会因而大减。在这种情况下，学生多做功课反而有害无益。因此，我们需正视"功课做得多，书自然读得好"的错误观念。勤学本是美德，而传统的学习模式又强调背诵和强记，学习的过程是艰苦而沉闷的，更充满了重重的考试关卡。一般考试都只要求学生直接复述书本内容，不重视独立思考和活学活用，这类考试主要评估记忆力和低层次的学习，不能代表全面的学习能力。

莎士比亚曾说，"一个拥有舌头的男人，我说就算不上是个男人——如果他不能用舌头赢得一个女人的芳心"。有人也不禁要问："如果考生不能以笔墨赢得考官以获得佳绩，笔墨何用之有？"难道笔墨只为考试服务？

功利主义

传统上，中国人并不认为社会经济地位低的人就一定不能够在学业上得到成就。相反，学业成功是达到位高权重社会地位的途径，这种传统思想在中国早已根深蒂固。自古以来，中国皇权设置社会阶梯让平民凭借教育往上爬，来提高自己经济的实力与社会地位。封建社会的科举考试正是这一制度的写照。因此，长期以来中国教育制度的弊病就是功利主义，即视教育为达到往上爬的手段。

目前功利主义日益严重，有一项香港研究报告指出："学生接受高等教育的动机是为了找到一份好工作。他们希望成绩好，读书策略也是为了达到这一目的。他们重视考试，学习也局限于考试的内容。"这是教育为考试服务的典型，本质与科举制度无异。在这意义上看，中国的高考正是一种"新科举制度"。

我们不禁要问，在儒家社会中，引起教育体制中的各种弊端在哪里？接下来我们将以升学、选科与就业的整个过程来讨论这一问题。

进入大学之前，毕业之后

在现有的制度下，学生大多只学会了如何"玩"考试这个游戏，如何不被淘汰。读书是为达到一个功利目的：将来找一份高薪厚职。学生在沉重的功课及考试压力下，培养课外兴趣及发挥个人潜质的时间少之又少。当他们经过多次考验，来到大学之时，大部分已筋疲力尽，对知识的渴求早已接近枯死。多年来受"填鸭式"教学的训练，学生往往只知有学而不知有问，只知被动地接收而不知主动地追求。

这种学习模式并不适用于大学的学习领域，所以很多大学一年级学生都有学习障碍及适应上的困难，他们的普遍心态是：都熬过了这些年来孜孜不倦的考试生涯，现在终于来到大学门前，应该可以放松一下了。在此心态下，大学生们对学问的渴求及学习的热忱都是每况愈下。

在决定主修科目时，很多学生都不考虑个人兴趣、取向及真正需要，反而往往是出于父母和同辈间的压力，和考虑未来工作机会及发展。于是，求学目标及意向放在次要的地位。因此才会有即将毕业的大学生，仍不知为何选修目前学科的现象。毕业代表人生的一个重要里程碑，但很多大学毕业生并不感到他们已准备好面对即将展开的事业及人生，而对自己的前途感到彷徨及无所适从。

问题是始于过早文理分科之制度。当一个中学学生要做分科抉择之时，心智根本未达到足够的成熟程度，但却要为未来一生作出相当重要的决定。很多学生都在不明所以的情况下，未有考虑到本身的兴趣、能力及抱负，却定下了未来要走的方向，以致在以后的工作中碰到了很多不必要的彷徨及挫败。取消过早分流和倡导跨领域学习，正好帮助这群在迷雾中的学生寻找方向，让他们有机会接触多方面的知识，发展多元能力及扩展知识基础。

大学老师常常抱怨中小学的老师没有教会学生必要的独立思考能力，因此出现了"幼稚园大学"的现象。尤其在竞争激烈的地区，学生削尖脑袋就是为了考入更好的中学，然后进入更好的大学。社会生存的技巧、独立生活的本领及面对生命的思考都没有好好地发展起来，以至于很多大学生不知道怎么处理复杂的人际关系，不懂得爱惜照顾自己，更不知道如何面对挫折和伤痛。

也正因如此，进入大学以后，很多学生容易受到出国潮流的冲击。一方面，他们为自己缺乏批判能力、创造性思维和学习内在动机而感到焦急；另一方面，他们羡慕那些在外留学的所谓"精英"，认为"泡一泡咸水"再回来才能找到自己的价值。于是，TOEFL、GRE、GMAT 等留学考试成为"新高考"。

理所当然，除了增进知识和能力之外，改变个人命运、创造社会财富也是接受教育的目标之一。许多人读书最直接的动机就是"找份好工作"。然而，大部分学生在求学阶段根本不知道自己要找什么样的工作。他们对自己的职业目标一无所知，更无从谈什么计划。很多学生到了大四的时候才抱怨："我都不知道为什么要学这个专业。"还有许多人埋怨父母当初为自己所选择的专业，"我不喜欢读经济，我更喜欢读文学。"难怪我们的教育不能够达到"改变个人命运、创造社会财富"的目标。

结　语

我们确实是有感而发，道出了作为教育工作者的心声。人们究竟用什么标准去衡量学业成就？教育目标又是什么呢？我们希望中国的教育体制能够改变，不要再让老师、学生和家长身受高考的压力和痛苦。每年因高考失败有多少家庭身受折磨，许多优秀的学生因高考临场发挥不好名落孙山，被拒绝于高等学府大门之外。老师也根据学生的高考成绩而论功领奖。人人都生活在高考的压力之下，身心倍感疲惫，什么时候才可以达到乐于学习及终生不断追求知识的理想呢？

在所有文化中，教育都反映了文化背后的哲学思想。总括而言，太平洋两岸的教育制度呈现极端的情况：一方制度的优点往往反映另一方制度的不足，反之亦然。对教育学家而言，体会这两个制度的优劣正是互有裨益的教育经验。双方都有一些特质是对方需要深入学习或摒弃的。儒家文化教育最需要改革的是摒弃迷信考试成绩；最需要学习的是让考试为教育服务，而不是让教育为考试服务。这样才有希望恢复儒家"全人教育"的理想，真正做到提倡多年的素质教育。

Part 6

社会教化：中国孩子如何长大成人

传统社教模式：中国父母如何教养孩子

在古代中国，关于儿童教养问题人们很少做专门深刻的探讨。这并不表示那时候的家长不注意自己的儿女。这反而说明中国社会沿用一套约定成俗的育儿方法。这套育儿方法在老妪少妇间口耳相传，几乎从未受到非议。现在就让我们向读者介绍，中国人的传统中是如何教养孩子的[①]。

因阶段而变的社教方式

我们对中国社教模式有一个重要的论断：对于婴儿和年幼儿童（大约六岁以前），父母往往倾向于宽厚甚至溺爱；相反，对于年龄较大的儿童却非常严格，甚至严厉约束他们。

对幼小儿童采取宽恕放松的态度是因为，在父母看来，这个年纪的孩子不能明白事理，所以孩子们对自己做错的事不应负责，也不能要求他们的表现符合成年人的期望。父母还会认为，对婴儿进行训练，不能指望有多少进展，因为婴儿还是需要很好加以照顾的"小动物"。婴儿的需要应毫不迟疑、不受阻碍地得到满足。而母亲好像是天生注定要对孩子的舒适与安全负责，保证喂养好他们，让他们穿好穿暖，免遭危险。他们的断奶与大小便训练总是进行得温和而又缓慢。睡眠时间也没什么严格规定。婴儿或幼儿的生物学上的诸种功能不受僵硬而刻板

---

① 何友晖，彭泗清，赵志裕. 2007. 世道人心：对中国人心理的探索. 北京：北京大学出版社. 也可参看：何友晖. 1989. 中国人的社会化模式：批判的回顾//迈克·彭等著. 中国人的心理. 邹海燕译. 北京：新华出版社：1-20.

的时间表约束。人们不重视对婴儿进行独立性训练。总之，婴儿期和幼儿期可以被看作对孩子最为放纵、最为溺爱的阶段。

尽管婴儿及幼儿的口腹之欲一般能得到满足，但对孩子主动或探索性的要求，父母是倾向于反对和阻挠的，尤其在性和攻击性方面。在孩子的抚养过程中，性的训练是所有各种训练中最为严厉的，比如即使在家里，祖母和母亲会告诫后辈绝对不能不穿衣服。父母对于孩子的性问题有着很高的焦虑。中国人相互之间很少愿意讨论与性相关的问题，例如手淫。尽管母亲和孩子们的关系非常亲切，但这当中对孩子们身体上的关怀与保护，往往超过心理和情感需求的关心。所以，宽容、溺爱和身体上的亲近，并不等于关心孩子的真正需要，也不等于对孩子的情感表达有很高的敏感性。

在孩子的成长中，父母对儿童的态度有鲜明的前后对比。年幼时往往受到较少约束；长大后，他们会开始听到"别这样"的训斥，开始感受到来自亲人，尤其是父亲的严厉管教，甚至体罚。与西方国家相比，这种以严厉为主的社教模式使中国人在儿童时期已经备受约束，并少了很多自由和快乐。

简言之，中国社会的社教模式就是：在儿童"未懂事"、不能承担行为责任的时期，家长侧重的是养而不是教。随着孩子长大，教越来越重要，家长的管教态度与方法也骤变。因此，中国儿童的社教过程可分为两个阶段：①宽容的婴儿与幼儿期；②严厉的儿童期。

从本质上看，这种后期的严厉管教与父母对孩子未来成就的期望有关。据心理学的多项研究成果显示，中国内地的成就动机已达到颇高的水平。美国心理学家麦克莱兰（McClelland）也发现，在二十世纪五十年代，中国内地儿童的成就动机就已超过了世界平均水平。众所周知，受儒家文化影响，中国父母非常重视孩子的成就。因此，父母会强调孩子的成就（特别是学习成绩），喜爱学习成绩好的孩子，更愿意包容他们的错误，并对其表现出更多的关心。同样，正是出于"望子成龙"的心态，中国儿童长大后才会面临严厉的管教。可悲的是，在这种管教下，中国孩子对于独立的、主动的、探索性的活动失去了勇气。

严厉单向的社教模式

中国的社教模式也以严厉和单向为特色。在"严父慈母"的传统模式下，父亲在家庭中扮演惩教者的角色。当子女有所要求，而这些要求可能会触犯父怒时，母亲往往是为子女向父亲传情达意的中间人。倘若父母间有纷争，纷争的起源往往是在教育子女的方法上意见不合：母亲较体恤子女的愿望，而父亲则根据自身原则来考虑；当父亲动怒要笞打子女时，子女会仰赖母亲出面干预。讽刺的是，强化孩子畏惧父亲的人，往往正是母亲。当孩子激怒父亲时，母亲往往成为他的护身符；而孩子做了坏事，母亲也会以"如果你再不听话，看爸爸会怎么重罚"等话来恫吓孩子。

有趣的是，"严父慈母"的模式会使孩子对父母的感受有所差别。通常来讲，母亲比父亲更讨人喜欢。与女孩相比，男孩感受到父母的限制更多些，双亲的约束也更为独断。男孩也会更多地认为父亲使用了严厉的惩罚，因而父亲在他们眼中会是更为严厉的管教者，而母亲则显得更能体谅人。综合起来，父亲与孩子的情感距离大于母亲与孩子的情感距离。这也符合一般的看法：中国儿童与母亲的关系较温馨，而对父亲的观感却是严峻、冷漠和隔膜重重。

中国社教模式认为，教育后辈的关键在于严厉管教。惩罚的方法主要是责骂和体罚，它们一直拥有无可非议的价值，甚至被认为是必需的。未受过父母责打的子女寥寥可数。"棒下出孝子"，这些"孝子"曾经挨了多少顿棒打，实在难以想象！不过这种管教方式是否有用值得怀疑。有研究发现，随和、少用惩罚的父母反而会使儿童有独立性和自信心。

这样严厉的管教导致了中国父母并不关心子女自尊受损的问题。即使是现在，家长在街上打骂行为不妥的子女也并不少见。学校里的体罚虽然减少，而且只有在特殊情况下才施行，但仍未绝迹。至于罚学生站、在同学面前羞辱诋侮的情形，还是见怪不怪。除了不关心自尊心，中国父母对子女的婚姻就业等重要抉择也有很大影响力。中国人不抗拒长期倚赖父母，例如，即使成年后，子女利用家中关系获得工作是常见的。因此，父母的权威不会因孩子成年而降低。子女将在很长一段时间内继续服从。

强调服从使得两代人之间的沟通很难保持双向平等。单向的社教模式要求小家伙只能耳朵听，不能嘴巴说。即使在今天，我们也不难观察到父母吆喝一声"小孩子懂什么"，便可以立刻堵住孩子的口。这种权威方式更是基于对儿童的看法，儿童常被形容为天真无邪，因此他们的小心灵必须受到保护，以免濡染外界不良影响。此外，儿童也被视为无知，只能被动听取周围成年人的教导，由成年人来灌输道德规条，将儿童的性格拿捏成文化所定的塑形。因此，中国社教模式与下列这些观点有所差异，诸如：儿童与生俱来成长的倾向；鼓励儿童探索周边世界；喜欢儿童自己解决困难；不一定要满足儿童的需要；儿童意见不一定接纳，但起码也会尊重。

结　语

传统的中国社教模式主要有以下几方面特点：

1）对婴儿和年幼儿童，中国父母一般都很宽容，有时甚至是溺爱，而对年龄大些的孩子，父母的态度会变得截然不同。

2）中国父母注重培养孩子的服从性，要求他们举止恰当，讲道德，承担社会义务。

3）父亲是一个严厉的管教者，母亲相对宽容。因此，父亲与孩子的情感距离比母亲与孩子的情感距离要远。

4）父母趋向于使用责骂和体罚的方式进行管教。

5）父母会对孩子的成就十分强调和重视，特别是在学业方面。

上述社教模式特点均非中国社会所独有；其他国家也会在不同程度上表现出上述特征。回顾这些特征，我们对其作出反思。过去父母以为婴儿或儿童是不懂事的，但是对心理学体验愈深者，便愈能领会儿童早年的学习潜质。西方对儿童的宽容民风亦都值得中国父母去借鉴。

近年，前卫的教育思想开始涌现，倡导为儿童安排最理想的条件，以培育其自主性与创意；反对儿童被动地接受成年人教导，更认为父母应在界定清楚的范围内，以监护（而非强制）的方式容许并鼓励儿童自我发展；注重自我发展，强调独立性，实为中国社教模式未来的发展方向。

02

传承与变迁：社教模式何去何从？

中国人是如何进入成人世界的呢？这门学问虽大，中心主题应只有一个，那就是社会教化。对当代中国社教的讨论更是变得异常重要，毕竟这涉及数以亿计的儿童如何被带进成人社会。

中国幅员辽阔，地区差异甚大，这迫使我们去考虑不同地域的中国社教模式之间有何异同。中国的近代历史如此复杂，要求我们必须关注特大变化对社教模式的影响。总的来说，本章既要明辨是哪些力量使中国人始终皈依传统，也要了解当代中国人如何背弃传统。因此，本章的旨趣即探讨经过时间的洗练后，传统模式是否仍屹立不倒，抑或已面目全非。下面，我们将以城乡和家庭背景、严父慈母模式的变迁和独生子女政策对社教的影响三个方面为切入点，考察中国社教模式的传承与变迁[①]。

城乡和家庭背景

在社教模式上，城市和乡村养育子女的差异很大。与城市的家长相比，农村的家长较传统。这种情况在其他国家中也曾出现，农村的特色是溺宠幼儿、迟迟不训练幼孩如厕、容许幼孩与母亲或祖母同睡、不强调独立训练及管教松懈等。农村的父母也较要求子女服从，较多使用体罚管教法，也较重男轻女。有报告称在儿童行为方面，农村儿童较城市儿童好斗及喜欢口角，对自己的不良行为也较

---

① 何友晖，彭泗清，赵志裕. 2007. 世道人心：对中国人心理的探索. 北京：北京大学出版社.

不感到尴尬。城市儿童则较农村儿童更喜欢和年长儿童一起游玩，多有不良的进食习惯，毁坏自己的东西，易嫉妒、羞怯，缺乏集中精神的能力，注意力也较差。

而除了城乡差别外，家庭背景也对社教和儿童心理发展有所影响。社会地位高的母亲比地位低的母亲较重视自立，轻视服从权威与约束。她们也较亲切，较多奖励子女，管教时较倾向以爱为中心，而不主张用权压式的方法。也可以说，教育水平高与社会地位高的母亲较多采用"现代"的婴儿护理方法；反之，教育程度低和社会地位低的母亲则较传统。而身为知识分子、年轻及城市中教育程度高的家长，在社教模式上也会脱离传统较远。

严父慈母？

传统的社教模式是：照顾呵护年幼的小孩全是母亲与其他年长妇女的天职，而训练已懂事的孩子则是父亲的责任。传统上，母亲较亲切、和蔼、宽容、周到甚至纵容；而父亲则是严厉的训导者，注重礼教和实际需要多于注重儿童的感受。对儿童来说，对父亲是要敬畏的，近代的家长显然也继承了这种传统。学者们研究不同地区（包括台湾、香港）的父母角色区分，均可以观察到此种情形。时至今日，护理儿童仍主要是母亲的职责。也有证据显示年轻一代的父亲已较多投入于儿童护理中。这显示传统父母角色的区分已开始模糊，而子女也开始不再盲目顺从父母。尤其是在沿海开放地区，中国父母和西方父母正变得愈来愈相近。无疑的，在现代化的过程中，亲子关系亦走向"现代"。这都反映了急剧的社会转变与文化价值。

与之同时，新问题应运而生，使得我们必须重新思考有关社教变化的问题。比如青少年犯罪率的增加，就令人忧心忡忡。又如中学生和家长间的代沟，意味着家长对子女的控制已经松弛。传统两代的关系模式正面临考验和冲击，家长与子女均需专注于处理两代间的纷争。此外，传统家庭的凝聚力亦日渐减弱。为使家庭不至崩裂，必须有新的凝聚力（如相互关爱的亲子关系）将旧的取而代之。

总的来说，当代父母有摆脱"严父慈母"格局的迹象，这是家庭中权威重新分配所引发出来的结果。父权不再是绝对的，母亲已开始从丈夫处取回部分权威，并在管教儿童上扮演着较重要的角色。另外，在当代中国，感情的维系作用将会随着家长权威的式微而日益重要，而这正是社教脱离传统（尤其在社会控制方面）的最清晰可见的一环。不过，"严父慈母"仍是一个流行的模式。整体来说，母亲和子女的关系（尤其是母子关系）较温馨亲切，而父亲与子女的关系则较冷漠，甚至存在着紧张和敌意。时至今日，子女仍感到父亲比母亲在管教上更严厉，不关心子女的需要。

独生子女有别于非独生子女？

独生子女政策对中国社会的影响十分深远。首先，无可置疑的，独生子女的确较能得到父母及祖父母的注意和关怀。父母也不忍心对万千宠爱于一身的独生子女严厉管教。对待独生子女，大多家庭恨不得捧在手心好好呵护，他们变得更能包容子女的过错。所以，在这种相对宽容的社教模式下，有人提出独生子女是"很难教"的。

但并不是所有研究都认为独生子女的表现比非独生子女差。有研究发现，在倚赖、独立、助人、友善与好斗五方面的行为差异上，两类儿童并无显著差别。又有研究者比较了儿童进入幼儿园后第一个星期的适应情况，没有发现独生子女和非独生子女的差异。而一些在国际会议上发表的报告也否定了独生子女与非独生子女的差异。

从方法论的观点来分析，"是否为独生子女"与"在城市或乡村环境生长"的互动效应很值得注意。有研究者发现：在城市中，独生子女比非独生子女较不会挑衅、打斗、毁坏自己的东西、待人不友善或虐待他人；但在农村，独生子女则较常倚赖成年人、不甘寂寞及易养成不良的进食习惯。也有研究数据显示：在北京市，独生子女与非独生子女的社交能力并无显著差异；但在北京近郊的男孩子中，独生子与非独生子的社交能力却有显著差异；不过，近郊独生女与非独生女的社交能力没有差异。

在另一项研究中，这种互动效应只出现在儿童的认知能力上，而在社交行为上却并不存在互动效应。此研究是以北京在城乡、年龄、性别、社会经济地位（包括家长职业与教育水平）、家庭成员数目及家庭结构等因素上相配的 180 对独生子女和非独生子女作为被试。我们从其朋辈对二十二项关于被试的认知能力、行为监察和社交行为的题目的评分中看出：农村儿童中，独生子女和非独生子女在独立思辨的能力上并无分别；但城市儿童中，四至六岁的独生子女的独立思辨能力比同年龄的非独生子女高，但九至十岁的独生子女的独立思辨能力却比同年龄的非独生子女低；不论在城市或农村，独生子女均被评为比非独生子女较自我为中心、较不合作、在朋辈中声望较低及较没有毅力。

总而言之，现存证据不足以论定独生子女和非独生子女在性格上存在分别。但在所有发在社交行为上有差距的研究，大多指出独生子女在成长和社交行为上均有较大的困难，这些负面影响是不容忽视的。

结　语

总的来说，不管地域或其他条件有何差别，或差别有多重要，都不能掩盖社教模式的共同之处。从本书作者的经验来看，即使在深受外来文化熏陶的美籍华人身上，仍可看到传统社教模式的特征。虽然改变正在发生，传统的观念和价值观已被修改，但对社教仍具有重大的影响，并在儿童身上留下洗擦不掉的痕迹。

当然，社教模式不可避免地在改变，这一点尤其与人口结构的改变相呼应。家庭中的子女数目骤降，最直接的后果就是儿童较从前更被重视，在外如此，在家庭中更是如此。在有限物质资源（如衣、食、医疗）的分配上，儿童似乎都享有优先权。显然的，社会已开始较不以长辈为中心，而转以儿童为中心了。比如，独生子女成为注意的焦点，满足孩子的需要与利益比一切都重要。"宝贝儿子症候群"已随处可见。笔者认为，若社会转变为以儿童为中心，将会带来个人主义的兴起，个性、自立、追求自利与完成个人理想将会更被重视，并成为推动社教以至整个社会摆脱传统的新动力。

03

父格：为父之道

正如可以将人格理解为如何做人一样，父格（fatherhood）亦可以理解为如何为父。在中国文化中，父格的构想始终以儒家孝道观为参照。两千多年来，儒家学说被尊为道统，直到二十世纪初方受到严厉批评。儒家以人伦道德为依归，倡导君臣、父子、夫妇、兄弟、朋友五伦；在五伦中又特别标榜父子伦理，而用来维系父子间人伦秩序的正是孝道。在中国文化中，父格与儒家思想一脉相承，而儒家思想与孝道则互为表里。

在传统中国社会中，父亲是一家之主。儿子应尊敬、服从父母；及父母年老，供养侍奉他们身心所需；待父母辞世，供奉香火，礼拜祖先。事实上，孝道正是中国传统社教的指导原则。除了儿子以外，父亲也同样受制于孝道的规范，生子继嗣是男子尽孝的重要职责。由于儿子长大后将会成为一家之主，并需确保他的家庭成员也能遵守孝道，因此，传统上父亲在对待子女上会有所区别。

男女有别

关于两性角色的区分，自古以来已是界限分明。《礼记》讲述了男女之礼，其中关于性别角色区分的讨论有几点是非常鲜明的：①携育幼儿为家务之一，男子应以回避；②接受教育乃男子专利，女子无缘问津，而且受教育者才能施教，因此教育儿童为男子天职；③对男孩成为孝子的要求大于对女孩成为孝女的期望；④男女之防极严峻，对乱伦之禁尤其苛刻。上述四点交替互动，产生了中国文化中的父格。

从现代人的观点看来，《礼记》中的训诫可能是怪异、苛刻，甚至不近情理的。事实上，这部儒学经典即使是当世有识之士也甚少拜读，但它却能为研究中国社会的学者提供不假外求的信息：隆礼重节，明辨尊卑，对个人在情欲控制上要求很高，不给自发奔放的感情有表达空间，僵化的教条不容许人逾越规范，因而抑压个性的发展。《礼记》中在教人培育男童时，强调要使孩子长为人父时，须用外在的社会道德绳墨来评判个人行为操守。这完全忽视个体的需要、情愫与意愿，这种培育方法使得父亲重道德而轻心理。

从男女有别到父母有别

孩提时两性角色的鲜明区分延展至成人阶段，并为成人世界中在父母角色上的区分奠下基石。简言之，父亲的角色主要是供养者、教育者与惩戒人；而母亲的角色主要是呵护儿童的保姆。父亲除了供养子女的生活所需外，还应教导子女。《三字经》自十三世纪时出现开始，直至近代为止，一直是中国儿童的启蒙读本。《三字经》有云："养不教，父之过；教不严，师之惰。"这句箴言包含四重意义：①父亲兼任教、养之职；②教导儿童的职责主要落在父亲和教师身上；③由于从前充当老师的都是男性，因此，教育儿童可说是男子的特权；④教之道在严。

当然，教育与管教不全然是男性的责任。有些母亲因为能为儿子提供适当的教育，使他们有过人的道德情操或成就而受到表扬，最受推崇的要算是一代圣哲孟子与民族英雄岳飞的母亲。可惜这些为世人所熟悉的典范并不代表普遍的实况。另一方面，呵护子女差不多全然是女性的职责，做父亲的无需对婴孩或幼童的护理操心，他们的职责是教育孩子。中国文化预先假设稚子无知，缺乏接受教育的能力，只有当孩子到了懂事可教的年龄，父亲的角色才变得重要。

感情隔膜

从对社会科学文献的回顾中，我们大体上可以看到：父亲与子女间感情隔膜较大，甚至可能有紧张及对立的关系；反之母亲与子女的关系（尤其是母子关系）则温馨而亲密，这些差别在与儿童对父母的感受、小儿读物、故事小说、经典歌剧和梦的相关研究中都有所表现[1]。

---

① Ho D Y F. 1987. Fatherhood in Chinese culture//Lamb M E（Ed.），The Father's Role：Cross-cultural Perspectives. Hillsdale，NJ：Erlbaum：227-245.

父母与子女在感情隔膜上的差异，也可在对孝道的历史故事调查中得到进一步的证实。以儿子向母亲尽孝为题材的故事，比以儿子对父亲尽孝为题材的故事超出两倍以上。可见在中国文学中，儿子很少向父亲流露感情，但却会向母亲流露强烈的情绪。可见，父亲与子女的关系和母亲与子女的关系在感情隔膜程度上是有差距的。

父亲角色的转变

中国社会中父亲角色的转变，离不开本世纪以来中国家庭发生的重大变革。五四运动期间，儒家价值观被知识分子群起围攻。家长权威变成了儒家家庭系统压迫下一代的象征。"父子一体"的价值观在五四文坛中受尽贬斥，并被个人发展与独立等新观念所取代。

所以，现代的父亲较不服膺于孝道及传统教养子女的观念。他们不再过分强调子女要尊敬长辈，而变得重视子女的意见表达、独立自主、创造力和自尊。较年轻的父亲比较关注子女的学习潜质。同时，社会经济地位高的家庭的父亲会承担更多的护理子女的责任，这反映出传统父母角色区分的式微。无可否认，随着愈来愈多的母亲对职业发展有更强烈的诉求，这种现象是无可避免的。

在理论上的争议

在此我们将讨论三项相关的争议：①父子关系在中国人行为模式中所起的作用；②子女如何将感情抽离于角色，以处理他们对父亲不悦或爱恨交织的感情？这是儒家思想没有讨论到的问题；③当今父亲及子女如何面对改变中的价值观与新父格的挑战？

父子关系的主导地位

不少研究中国社会的学人，皆以为在中国社会制度结构中父子关系是最重要的一环。人类学家许烺光[①]是上述学人中的代表者。他声称所谓的父子认同正是"中国族系制度中核心的特征"。他解析说："父子关系不能不用'认同'这心理学名词来描述，因为一者然，另一者亦然；一者具，另一者亦具"。父子认同与大家庭理想，使来自于不同社会经济背景的儿童（尤其是男童），在接受不同社

---

① Hsu F L K. 1963. Clan，Caste and Club. New York：van Nostrand.

教经验后发展出不同的性格。比方说，贫苦家庭鼓励儿童克勤节俭，富有人家子女则有成为挥霍的寄生虫的危机。许烺光还认为不同文化的家庭体系各有特色：中国家庭体系以父子关系为主导，印度教体系以母子关系为主导，而美国家庭体系则以夫妇关系为主导。

从社会学观点出发，父子关系主导论或许还站得住脚。在父系社会中，父子关系在结构上是最重要的角色关系。许烺光用"父子认同"来佐证这一观点，他认为，"父子认同"是别人在对待父与子及对他们有所期待时，划在他们中间的"等号"。例如，如果父亲有面子，儿子也有，反之亦然。因此，父子关系在中国社会中所占的比重应该是较大的；但是主导地位与否则有待探讨。从心理学的角度看，由于在现实生活中父亲对孩童感情生活的投入相对较少，父亲不如母亲深，中国文化期待父亲成为儿童的管教者而非呵护人。因此，在心理发展最重要的阶段（婴孩及幼孩期），与母亲相比，父亲更少和子女接触，这就使得父子关系对孩童成长的影响没母子关系强烈。

情感抽离于角色

传统上人们认为，儿童对父亲应心悦诚服、尊敬服从。但实际上，他们对父亲可能是疏远、畏惧，甚至存有恨意的。"然"与"应然"间矛盾顿生。自远古以来，这矛盾苦缠在无数中国父子关系中，其心理反应正是了解中国文化人际关系的关键。但直至最近，这问题仍少被提及。孝道本身就压抑了对这矛盾的省察，构成文化中的盲点。在评鉴个人孝行时人们所关心的问题是，到底这人是否顺孝而行，而非是否顺着对父母的感受而行。甚至没有人会问，个人如何处理对父母不悦或既爱且恨的感情。更进一步说，在《礼记》所标榜的世界中，情感是无关痛痒的，只有符合礼节的行为才最重要。在这样的世界里，情感必然要抽离于角色（参看 p46《控制与释放：礼节、真诚与修养》）。

情感与角色分离的机制使子女仍然可以当孝子孝女，但他们的孝行则只是徒具形式而感情苍白。在外，他们按孝子孝女的角色指令而行；在内，与父亲在感情上可能存在鸿沟。因此，他们可能会为辞世的父亲安排隆重的殡仪（包括雇用专业的哭丧者），但对逝者却无甚爱意。

当代的难题

父格的改变带来了新的难题，尤其在社会急剧变迁与矛盾的文化价值观当中，父子关系在各方面应如何取舍？有学者在研究中国现代小说中的家庭关系时，发现在台湾父子间的敌意非常尖锐。而在小说中，父子间的冲突一般只会被间接地或象征性地处理。这反映出随着孝道式微两代间产生的问题。当代文学不再受孝道意识形态的支配，可以迎头痛击这存在已久的问题了。

中国父亲因此要面对新的问题，即孝道这一旧观念的式微逼使他们去找寻及建立积极的新观念（如互相敬重），但这种历程要很多代人的尝试才可完成。同时，重建孝道很可能会招来非议，甚至对抗。情感与角色分离的机制，再也压不住子女对父亲敌意或不满的浮显，父子间必须谋求新方法以调和纠纷。

结　语

经济发展引起社会的变化，其中一点就是孝道的式微促使父子关系的基本转变，人们不再强调服从与尽孝的义务，转而强调情感的表达。由于在结构上父子关系被削弱了，这意味着父子之间需要倚赖新的凝聚力，以保持其关系的完整性。在这种背景下，笔者认为，当今社会在重新定义父格时，应更重视父爱，大众应鼓励父亲对孩子的情感表达。父亲含蓄的爱固然会有其感动的地方，但父亲直接抒发出心中强烈的情感，不是更有利于加强父子关系吗？

压抑还是鼓励创造：儒家文化对认知发展的影响

认知社会教化是在家庭、学校和社会环境中培养、发展儿童认知能力的过程，不仅指儿童的学习成绩，更包括儿童全面的智能发展。认知发展的范围十分广阔，包括人一生思维模式和智能不断发展的整体过程。

作为世界的四大文明古国之一，我们中国自己的儒家教育思想有其独特之处。儒家文化的社教模式注重冲动控制，严厉管教。我们归纳了三方面的研究结果，来探讨儒家文化特点是如何影响孩子的认知发展的，包括早期控制冲动的能力、言语能力与非言语能力的比较及学业成就动机[①]。

早期控制冲动的能力

在儒家文化中，控制冲动是重要的社教目标。社会控制越严格，要求个体控制冲动的压力就越大。从小学低年级甚至幼儿园开始，在学校非常严格的纪律要求下，儿童就开始学习如何控制冲动，这也使得学生将来想在学业上取得成功，就必须先学会控制冲动。

研究发现，受儒家文化影响的儿童从婴儿时期开始就更安静。比如，日本母亲与孩子有更多的身体接触，更倾向于安抚孩子，使他们变得安静而被动；相反，美国母亲与孩子之间有较多的言语交流，更倾向于鼓励孩子多从事身体活动，多探究周围的环境。另外，不同种族的婴儿在兴奋程度和脾性上很早便显示

① 何友晖，黄莎莎，吴兆文，等. 2005. 儒家文化对认知发展的影响. 教学研究，28（5）：381-388.

出差异。与欧美裔婴儿比较，华裔婴儿较少发出喜悦的嗓音，表现出较差的主动性及较少的探究精神，这些特质也显示出华裔婴儿的性格倾向于平静。

总而言之，华裔和日裔儿童的社会教化模式符合儒家传统文化重视控制冲动的要求。如果这种压抑的倾向在初生阶段已经表现出来，我们相信在成年之后也会同样出现。这与儒家文化相呼应，因为儒家强调社会控制，不容许离经叛道，极度要求人们遵纪守规；父母很少去发展孩子的认知技能，但强调孩子的冲动控制；父母尽量满足儿童在某些情况下提出的要求，却经常反对他们提出活跃或探索的要求；对儿童的教育更多的是按照成人的既定标准去模式化，而不是顺应儿童的天性去培养塑造。于是，儿童控制冲动的能力得到强化。

言语能力与非言语能力的比较

相对于其他非言语能力，中国人的言语能力显得较弱。这个假设认为，"保守认知主义"与言语功能的关系，比与非言语功能的关系更密切。心理学家弗农（Vernon）指出[1]，研究结果一致显示，生活在不同文化环境中的东方人在与空间、数字或非言语有关的智力测验中，比欧美人得到的分数高，不过他们在言语能力和言语成绩等方面则相对较弱。但这个"一致的结果"仍然引起争论。不同种族的人的认知能力的相对差异，可能早在婴儿时期便出现，但支持这个论点的证据却很贫乏。因此，言语能力将作为下面讨论的重点。

研究发现相比欧美裔婴儿，7 个月以上的华裔婴儿言语反应较少，笑容也较少[2]。这些儿童在 29 个月时的概念形成及在 20 个月时的语言发展也比欧美的孩子差。研究者认为，导致这个结果出现的原因之一是华裔父母较少强化儿童的情感表达和语言发展。其他研究者也发现，日本母亲比美国母亲与婴孩有较少的语言交往，似乎不大鼓励婴儿在言语上作出反应，反而做出她们认为可以安抚和平静婴儿的行为。为什么中国和日本的母亲都不倾向强化婴儿早期语言发展？这是否与文化对婴儿日后长大成人的期待有关？一个可能性是，在儒家文化下，婴儿长大成人后，武断性的言语和攻击性行为一样，同样必须得到克制。

关于东方人语言能力差于西方人的另一个解释是，由于东西方语言的巨大差异，西方人的字母语言主要是"音"在起作用；而东方的文字（如中文）则主要是"形"在起作用，儿童在学习语言时，拼音通常不起主要作用。有研究者[2]通

① Vernon P E. 1982. The Abilities and Achievements of Orientals in North America. New York:Academic Press.

② 何友晖，黄莎莎，吴兆文，等.2005.儒家文化对认知发展的影响.教学研究，28（5）：381-388.

过对中国台湾、香港地区和英国儿童进行语音意识、视觉技巧和阅读能力的测试，发现英国儿童的语音意识和阅读能力显著相关；而中国香港和台湾地区的儿童，与语音意识相比，视觉技巧与阅读能力有更高的相关。结果显示，语音对汉语儿童和英语儿童的阅读发展有所不同。在以语音听说为主的语言测验中，东方人的表现比西方人差可能就源自于此。

学业成就动机

由于儒家文化强调教育，中国儿童在社会化过程中被教导要在学业上取得成功。因此，中国儿童的学业成就动机应当是强烈的。光宗耀祖是中国传统孝道的重要组成部分，望子成龙也就成为中国父母最大的心愿，儒家文化使父母极度重视子女的教育。中国文学中不乏历史人物在父母苦心教导下长大成材的故事。儿童教材也标榜这些理想父母的典型。例如，岳母在岳飞背上刺"精忠报国"四字，岳飞长大后果然为赵家皇朝克尽臣节，留名千古；孟母三迁也几乎是每一个中国学童耳熟能详的故事，这些故事都表明教育的作用及其在儒家文化中的地位。

即使到现代，用心良苦的中国家长仍千方百计将子女送进"名校"，情愿节衣缩食，也希望子女学有所成。一旦子女在考试中获得好成绩，将会让父母倍感自豪。而其他父母，亦会羡慕孩子成绩优秀的父母。这都表明，父母对子女取得优异成绩有着殷切的期望。在很大程度上，子女亦会内化父母对他们的期望，在他们成为父母后，继续向下一代潜移默化地传承这种成就动机。

结　语

综上所述，我们可以看到受儒家文化影响的儿童教育有其独特性。首先，父母教会儿童自小控制冲动，而非自由表达，父母相信控制冲动的能力会影响子女日后的学业成就。其次，父母强调子女掌握知识和遵守规则，逼迫其去获取学业成就，而忽略其自由发挥与创造及对子女探索的鼓励和兴趣的尊重，这些都有别于西方。再者，中国大多父母强调追求学业成就的教育理念，与中国学生只注重接受知识是密切相关的。由于忽略创造力和自主性的培养，学生思维单极和元认知能力差，也就不足为奇了。

　　每年诺贝尔奖颁布后，中国教育界都必须出来承担无中国科学家获奖的"主要罪责"。教育实非一朝一夕之功，教育也非哪一个人、哪一个家庭、哪一个组织可独自承担的重任。对教育的改革，需要的是持之以恒的反省和努力，而不是每年特定时刻开展一成不变的讨论。现今教育，已不能再以儒家教育思想作为主导。跳出传统的框架，用开放的态度接受改变，将能为中国教育另辟新蹊径，减低压抑，强化释放，鼓励创造。

传统还是现代：对孝道的争辩

当代中国人对孝道持怎样的态度？对这个问题有两种相反的观点：一种是传统主义的，另一种是反传统主义的。

杜维明是传统主义的代表人物，他认为帝舜是儒家倡导的自我修养的典范：在"孝感动天"的传说中，舜通过克服极其艰难的逆境，实现了个人自我修养的提高。自我修养是儒家思想的中心内容，是实现人性潜能的必经之路。杜维明认为家庭是儒家思想的中心，但却非其终点。家庭是个人成长和相互支持的自然的、必需的、最合适的环境。自我修养是规范亲密关系，使之和谐发展的一个必要条件。尤为重要的是，父子关系具有绝对密不可分的性质，处理好父子关系是自我修养和精神发展的一种重要途径。舜遵循孝的伦理，"追求道德的完善"，克服了各种困难，设法协调与父亲的关系。通过这种努力，他终于使自己和周围的人都实现了"创造性转化"。

不错，"创造性转化"是一个美丽的理想，对此谁也不会反对。但是，如何把它与实际生活联系起来呢？舜的传说中含有很强的妄想成分——天可以被感动。如果天不被感动，他的家人仍然死不悔改，那么，他坚持不懈的孝行又会有什么结果呢？如果没有上天的帮助，那些与舜一样冒着生命危险行孝的人，大难不死的可能性又有多大？儒家学者们对这类问题保持沉默也没有深入探讨行孝行为背后的动机。

我们可以庆贺舜的胜利，为那些在大灾大难面前表现出巨大道德勇气的人喝彩。生活为"创造性转化"提供了无穷的机会，但是，这些机会可能与孝道毫无关系。而且，我们必须考虑行孝的代价：在孝道的支配下，舜成为一个思想单

一、行为僵化、不能做出其他选择的人。毛泽东曾经写下"六亿神州尽舜尧"的诗句，显然，他所向往的是敢想敢干、人定胜天的英雄，绝不是循规蹈矩、靠天救命的孝道牺牲品。

在中国的传说故事中，一再出现那种为了尽孝而不顾一切、不爱惜自己健康甚至牺牲生命的事迹。故事越曲折，自毁性越大，就越受到称赞。在《二十四孝》中，这类故事很多，例如，八岁的吴猛为了防止蚊子咬他的父母，甘愿恣蚊饱血；孝子王祥受后母虐待，但是当后母想吃鱼时，他却不顾天寒地冻，卧冰求鲤；尝粪忧心的庾黔娄听从医生的指示，不惜尝粪以判断父亲的病情，而知道父亲病危时，就祈祷上天让他替父亲去死；年仅十四，手无寸铁的杨香扼虎救父，完全不顾自己的安危。

行孝与杀子的联系并非只出现在帝舜的传说中，流传甚广的许多故事和戏曲中也包含了这个主题。在《二十四孝》中，有"为母埋儿"的故事，与帝舜"孝感动天"的传说一样都含有杀子的主题。"为母埋儿"的故事是这样的："汉郭巨，家贫，有子三岁，母尝减食与之。巨谓妻曰：贫乏不能供母，子又分母之食，盍埋此子。儿可再有，母不可复得。妻子不敢违巨。巨掘坑三尺余，忽见黄金一釜。上云：天赐孝子郭巨，官不得取，民不可夺。"郭巨的儿子能够活命，靠的也是上天有眼。

鲁迅是反传统主义的代表人物。他曾说过，听了《二十四孝》的故事之后，就完全放弃了做孝子的想法，行孝太难了，根本做不到。特别是"为母埋儿"的故事，让人觉得很可怕。鲁迅问自己：如果他的父亲也这么来尽孝，他可能会有什么遭遇？结论很明确：鲁迅说自己再也不敢做孝子，而且，他也害怕父亲想做孝子。

当然，儒家学者可能会说，反传统主义者对舜的传说和其他故事做了错误的解释，没有理会其中原有的道德理想。他们也可能会说，这些道德理想在戏剧和故事这类大众文化产品中被歪曲了。如果真是这样的话，责任又该由谁来承担？对于儒家思想在大众文化中的转化过程，儒家学者鲜有做任何批判性的讨论。

殷海光[①]先生生前是台湾大学的哲学教授，曾经是许多学生的精神领袖。他在《中国文化的展望》一书中，提到有关后辈向长辈示敬的问题：

> 只有形而无质，貌敬而心不敬，口服而心不服，又有多大意思？可惜中

---

① 殷海光. 2002. 中国文化的展望. 上海：上海三联书店：301.

国社会有许多事都弄成这种光景。行孝也常如此……如果父母借孝道来把子女当做自己积谷的仓库，让他们一辈子为父母流汗，那就似乎过分自私吧！

胡适[①]早有类似的想法，他认为父母不应该把自己当成对儿女放高利债的债主。他也不认为子女必须敬爱他们的父母：

> 假如我染着花柳病，生下儿子又聋又瞎，终身残废，他应该爱敬我吗？又假如我把我的儿子应得的遗产都拿去赌输了，使他衣食不能完全，教育不能得着，他应该爱敬我吗？又假如我卖国卖主义，做了一国一世的大罪人，他应该爱敬我吗？

心理学的观点

对临床心理学家而言，《二十四孝》可以视为心理病态学的素材库。心理学的研究结果完全支持反传统主义的观点（参看《权威与权势：传统中国社会的政治机构》《弑父与杀子：权力关系视角下的父子伦理》及《听从与反抗：权威主义下的师生关系》三节）。从当代有关人的个性发展的观点来看，孝道具有负面的作用，主要表现在以下两个方面[②]。

第一，孝道与认知保守性密切相关。有研究表明，深受孝道影响的人认知保守性较强，认知改变的阻力较大。

第二，更为重要的是，孝道的主要基础是以权威主义道德观（authoritarian moralism）为特征的社会化模式。这一模式强调冲动控制，而非自我表达；强调道德上的正确，而非心理上的灵敏；强调对父母的服从和报答，而非自我实现。其负面的结果是造成个人情感与角色行为相分离，使父子关系中出现情感疏远、紧张和敌对等问题。

有一个基本矛盾需要我们注意：一方面，儒家将父子关系视为最重要的人际关系，要求尽力使之和谐；另一方面，在实际生活中，父子关系并不亲密，而是疏远。也就是说，文化规范与其心理反应之间存在矛盾。在中国，这个问题直到最近才被提出来讨论。孝道本身阻碍人们意识到这个矛盾，这造成了文化上的

---

① 胡适. "我的儿子"（二），我答汪先生的信//胡适文存，第 1 集，卷 4. 上海：亚东图书馆：691-692.

② Ho D Y F, Xie W, Liang X, et al. 2012. Filial piety and traditional Chinese Values: A study of high and mass cultures. PsyCh Journal，1：40-55.

盲点。

帝舜之类的传说，对于文化盲点的形成起到了一定的作用。这些传说故事提倡道德正确是最重要的考虑，也是唯一的考虑，重要的事情是遵循道德戒律，言行正确，内在的情感是无关紧要的，心理的探索更是不予考虑。在这些故事的熏陶之下，儿童会形成这样的观念：生活就是听话、守规矩，个人的意志、情感和需要必须被压抑。他们学会从社会和道德需要的角度来看待生活，个人心理方面的意识则逐渐淡漠。

在谈到舜的故事传说时，孟子说："仁人之于弟也，不藏怒焉，不宿怨焉，亲爱之而已矣"（《孟子·万章上》）。孟子用一种描述性的语气来表达行为必须受到规范，他主张把"应然"当做"实然"。也就是说，应该做的必须做到，不应该做的一定要受到规范："对弟弟愤怒、抱怨是不对的，违背了仁义道德"，所以，"这种愤怒、抱怨不应存在。"源于这一主张，中国的社会化模式特别强调冲动控制。而且没有将错误的思想与错误的行为区分开来，错误的行为要禁止，错误的思想也不可接受。正如孔子所说，"思无邪"（思想纯正）。因此，人必须消除心中所有错误的、不纯洁的思想。从心理学的角度来看，孔子所强调的实际上是思想控制。

对于思想控制的看法，儒家思想与心理分析学派的差别是很明显的。心理分析主张完全根除对思想的一切限制，没有什么事情是不可以想的，它对思想和行为作了基本的区分。我们认为，由自我控制的、有意识的所有思想，本身是无害的。只有在行为的领域，才需要控制。在今天，人们敢于想那些不可想的问题，是创造力的源头。只有打破条条框框才能解放思想，而内在的思想控制只会扼杀创造力。

结　语

几个世纪以来，孝道是家属之间相处的基本规则，亦是上下级相处方式的参照体系。现在是我们重新整理和定义这些关系的时候了。例如，杨国枢[①]所提到的新孝道不同于旧孝道，传统孝道是"重孝轻慈"的，主要是单向的；新孝道则强调"父慈子孝"的双向关系，父子应以良好方式互相善待对方。

---

① 杨国枢.1988. 中国人之孝道观的概念分析. 台北：桂冠图书公司：31-60.

上面的讨论可以给我们不少启发：人际关系的真正和谐，要求人们认识清楚自己对他人，尤其是家庭成员的情感，并须妥善解决其中的问题。否则，我们就会否认自己的负面情感和敌意冲动。这时，所谓的和谐就会蜕变为虚假的和谐，导致角色与情感的分离。然而，儒家并没有讨论如何认识和解决内在的心理冲突。中国人通常认为忍让是一种美德，面对令人气愤的事情能克制自己，被认为是一个人有修养的标志。但是，不表现出愤怒，并不表示内心没有愤怒，忍气吞声、口是心非和口服心不服的情况也很常见。

在某种程度上，权威主义道德观的影响至今还存在，对子女过分控制是当前家庭教育中的一个重要问题。它使得教育工作者面临一个两难困境：如果鼓励儿童自持、自立，就可能使他们与成人之间发生更大的冲突，结果招致更严厉的惩罚；如果教导儿童服从父母的权威，就意味着要压抑他们的个人意愿，妨碍个性的健康发展。也许，唯一的解决办法是进行持久战，以民主的价值观、爱心和相互尊重为基础，重新界定家庭关系，培养儿童的健全个性，并实现真正的和谐。

"前不见古人，后不见来者"是千古不朽的诗句。然而，我们需要再度审视其中的"前"与"后"：古人走在前面，而子孙则是"后来者"，这明确地显示了中国人自古以来，对前后的时空取向（time-space orientation）。西方的时空取向是相反的：子孙跑在前面，祖先在后头。人类学家许烺光曾撰写了关于中国传统社会教化的书，名为《在祖宗的阴影下》，刚好击中了存在于我们教化中的保守性之要害。在祖宗的阴影下，我们如何创新、敢作敢为而超越古人？

中国人植根于孝道的保守意识形态是根深蒂固的。在这种背景下，王安石"三不足"论断的精神实在难能可贵。如今，我们有必要一再高喊："天变不足畏，祖宗不足法，人言不足恤。"

Part 7

提升生活质量的应用心理学

元认知：增进你知己知彼的能力

《孙子·谋攻篇》云："知彼知己者，百战不殆。"其实，"知彼知己"仍然是不足够的："知己"要包括自我反思；"知彼"要包括"知彼之知己"；我们还需要更高一筹的"知彼之知己之知彼。"这刚好说明元认知的重点在于不但要知道自身在想什么，还要注意其他人在想什么、他人在想我们在想什么；同时我们要假设其他人亦会尝试这样做。元认知在谋略、待人接物、寻求灵性、觉悟等心理活动中都是必需的。试想，如果你失去这种能力，你会变成怎样的人？相反，掌握了如何将元认知应用到日常生活中，你便会体会到其威力和你自身的提升。

在本节，我们重申一项关于人类本性的假设，确认元认知是人类特有的潜能（参看 p120《辩证思维：人类思想的顶峰》）。简单地说，元认知就是对思维本身的思维。任何认知（或知觉）都可以作为高一层认知（或知觉）的对象。我们可以界定认知的复杂程度（或层级）：元认知（第二级）是对第一级认知进行的思维；第三级的认知是对元认知的思维，如此类推。我们能够从第一级飞跃到第二或第三级，在对话行动中起到作用，已经是很了不起！

我们用一个例子来说明。一位先生对你说，"我觉得自己很不行"（自我知觉，第一层）；你请他仔细考虑他的自我感受；他说："我不喜欢我这样看待我自己"（对自我知觉的反思，第二层）。后来，在交谈过程中，他还说："我的朋友都认为，我已经在改变自己对自己的看法"（别人对他本人自我反思的知觉，第三层）。请注意，在例子中，这位先生的语言思维复杂层次和自我反省能力在逐步提高。人是具有自我反省能力的，不仅能进行思考，还能对思考进行再思考。在人与人之间，自己与自己之间，人们每刻都可以进行对白与反思。

元认知与对话自我

在现实生活中，我们是否也遇到这样的例子：想想你刚开始谈恋爱的时候，你对一个人有好感，但是，你却不知道他/她是怎么想的。你可能会想："对方也许对我有好感"，或者，"对方也许对我没有什么感觉"。随后，你又可能会纠结："我不是他/她，我怎么知道他/她怎么想？但是，他/她真的好像对我有好感。""他/她怎么可能对我有好感？"……这时候，你可能会因为对方回眸一笑而暗喜，也会因为对方的忽视而感到自己自作多情。这种反反复复的自我对话既充满矛盾，也酝酿着告白的动力。后来，其中一方鼓起了勇气，向另一方说出，"我爱你！"之后，你可能喜结良缘，抑或需要另寻爱侣。

上述的爱恋过程显示了知己知彼所承担的关键作用，同时，在广义上更说明自我的本质是对话性的。在日常生活中，自我不断地与外在的他人、内在的自我进行对话；两者都在沟通过程中运作，扮演着积极的角色。自我具有这样的本质，我们称之为对话自我（dialogic self）。在心理学中，对话自我越来越受到重视（参看 p2《漫游梦境：解读你自己的梦》）。

元认知，特别是知己知彼，可以增进对话能力。对话是相向性的，这说明一个基本道理："听我说，你不必多讲"是单向的信息传递，不是对话，也不是沟通。我们可引用一对夫妻的例子来说明，元认知要求双方都采取这样相互的态度："我想我的，你想你的。但我必须考虑你在想什么，以及你想我在想什么。同时，我假定你也在做同样的事情。"双方若能采取这样的态度，夫妻间的沟通自然会比较畅顺。

辩证思维也扎根于内在的自我对话中。通过统合内在的各种矛盾，自我对话让我们经历正、反、合的思维过程。进一步，辩证思维能够处理内外矛盾的对立和统一，从而指导对外的行动。再引用夫妻的例子来说，双方都可能会有这样的内在自我对话："我通常考虑他/她在想什么，可是对方没有这样做。我很生气！可是，生气有何用？我务必寻找另一种方式与他/她沟通。我会更在乎他/她的感受。"

自我与人际观感的分析

元认知可以应用在不同复杂程度上的自我知觉（或观感）、个人对他人的知觉，还可以整合分析人与人之间的知觉（表 7-1）。整合分析可以作以下三方面的比较：第一，以 A 与 B 两人为例，A 喜欢 B，而 A 亦认为 B 喜欢 A，从 A 的角度来说就有一致性了；第二，A 与 B 两人都喜欢对方，所以具有人际间的相互性；第三，A 认为 B 喜欢 A，而实际上 B 喜欢 A，表示 A 的知觉有准确性。在下面我们会介绍具体应用于家庭紧密关系和商业关系两方面的详细内容。

表 7-1　整合自我知觉和他人知觉

自我知觉	我如何看待自己（第一级）	
他人知觉	我如何看其他人（第一级）	
元知觉	我如何看待我如何看待自己（第二级） 他人如何看待我本人（第二级）	
比较（例子）		构念
A 喜欢 B	A 认为 B 喜欢 A	个人内部的一致性
A 喜欢 B	B 喜欢 A	人际间的相互性
A 认为 B 喜欢 A	B 喜欢 A	人际知觉的准确性

亲密关系的分析

现在我们以夫妻作为亲密关系的范例，分析期待和观感的差异。夫妻间在期待上存在差异是自然和常见的。我们不能被忽略的是，夫妻一方的期望和另一方对这些期望的观感之间的差异。有差异并不一定是大问题，但是，如果埋藏在心里，不坦白说出来又不处理，将会成为夫妻关系紧张的祸根。我们可以运用元认知分析来提升夫妻关系的质量，这意味着夫妻双方都需要思考对方如何思考自己的想法。我们以下面两个表格来展示如何促进夫妻间相互理解。这种思考方式不仅可应用于夫妻关系，更可以扩展到其他亲密关系。

下表（表 7-2）的内容反映了许多夫妻的经验。不少丈夫倾向于从责任角度看待夫妻关系，并认为自己是尽责的；妻子则倾向于从照顾家庭的角度出发来思考夫妻关系，尤其是心理需求方面。丈夫常会认为妻子会小题大做，妻子常会抱怨丈夫的大男子主义，不够细心。

表 7-2　夫妻双方的期待和观感矩阵

关系/角色	丈夫		妻子	
	期待	观感	期待	观感
夫妻关系	平等相待	我是平等地对待她的	我不期望平等相待，我对男人太了解了	他要成为一家之主

续表

关系/角色	丈夫		妻子	
	期待	观感	期待	观感
为人丈夫	提供最好的东西给我的家庭	算是尽责了	花多些时间陪孩子，还有我	不够细心，不太懂怎样照顾别人
为人妻子	多些谅解，少些要求，不要啰啰唆唆	可算是贤妻良母，但有时小题大做，在感情方面贪得无厌	做个贤淑的妻子，好好照顾先生和子女	有时情绪低落，太啰嗦，不谅解别人

夫妻双方的期待和观感可能存在不一致，例如，妻子会认为自己应该成为贤淑的妻子，但会评价自己"有时情绪低落，太啰唆，不谅解别人"。这恰恰说明妻子能自我反省，甚至自我批评，因而可以推动夫妻关系的改善。

下表（表 7-3）同样提供了有关丰富夫妻关系的信息。值得注意的是，"夫对妻"和"妻对夫"是不同方向的，这一点在很多婚姻理论中并没有明确点出。我们可以做以下的比较：首先看"妻对夫"的方向，丈夫和妻子都说他们像以前那样爱自己的伴侣，因此，这是具有相互性的，这相互性也同样表现在他们都感到对方的爱；但在"夫对妻"的方向上则不然，丈夫认为自己仍非常爱自己的妻子，但妻子却认为"他对我比以往疏远一些了"，这显示在该方向中，夫妻关系缺乏相互性。

表 7-3　在夫妻关系中应用元认知（对观感的观感）

关系/方向	丈夫		妻子	
	观感	对妻子观感的观感	观感	对丈夫观感的观感
夫妻关系	我们之间的关系是亲密的	不知道，我从来没有问过她	他总是先考虑他的父母。如果单是二人世界，我们可以好一点	他当然以为我们关系是没问题的
丈夫对妻子	我是爱她的，跟以前一样	她当然觉得我仍然爱她	他对我比以往疏远一些了	他觉得他仍然是爱我的
妻子对丈夫	她是爱我的，跟以前一样	她当然觉得她仍然爱我	我是爱他的，跟以前一样	他觉得我仍然是爱他的

在夫妻关系的观感中，丈夫和妻子同样缺乏一致。妻子认为丈夫"总是先考虑他的父母"，表现出妻子对婚姻有些不满。问题的根源可以从丈夫的回答中看出端倪："不知道，我从来没有问过"。显然，丈夫并没有试图关心和了解妻子是怎么想的，所以妻子的不满是可以理解的。

这样的分析可以帮助夫妻改善关系，起码可以作为深入沟通与协商的第一步。但分析之后需要的是行动，不然的话，分析又有何用？（参看 p193《对话行动：实践于生活中之应变及解决问题》。）

商业关系与谋略的分析

现在我们转变一下分析的对象，将元认知应用到商业中的多边关系与知觉。我们试图分析一个较为简单的三边关系，包括公众、公司 A 与公司 B（表 7-4）。这个分析以公司 A 的角度为出发点（即参照），焦点放在核查公司 A 不同复杂程度知觉的准确性。比如，公司 A 自视或标榜本身是先进的，但公众却认为它是落后的；在战略上，公司 A 在某些地方不愿被竞争对手 B 得知，而对手实际上对公司 A 了如指掌；公司 A 估计对手 B 的谋略和发展计划思考，实际上远离对手 B 真正的思考，这真是糟糕得很！

表 7-4　审核己方不同复杂程度的知觉

	不同复杂程度的知觉	准确性核查
第一级知觉	公司 A 对本身的评价	公众对公司 A 的评价
	公司 A 对竞争对手 B 的评价	公众对公司 B 的评价
	公司 A 展现给竞争对手 B 看到的运作	竞争对手 B 实际上对公司 A 运作的了解
	公司 A 没有展现给竞争对手 B 看到的运作	竞争对手 B 实际上对公司 A 运作不了解的部分
第二级知觉	公司 A 估计对手 B 的策略思考	对手 B 实际上的策略思考
第三级知觉	公司 A 估计对手 B 如何估计公司 A 本身的策略思考	对手 B 实际上如何估计公司 A 的策略思考

结　语

在本节中我们阐述了元认知在对话自我和人际观感等心理活动中的关键作用。我们以一些示例表明如何使用元认知具体分析亲密或商业关系。对亲密关系而言，交流可以深化理解双方的想法，包括思想上的不一致；处理或减少期待与观感的差距可以促进和谐。对商业关系而言，只估计竞争对手是不足的，还须审核估计的准确性。无论怎样，关键在于每一方不但要理解对方在想什么，还要了解到对方认为自己是如何想的。

如何应用元认知分析，还需要读者自身的创造性思维。我们希望读者能够做到知彼知己，体会到元认知的巨大威力，进而接近辩证思维。

对话行动：实践于生活中之应变及解决问题

市面上充斥了琳琅满目的通俗心理学书籍，作者们向普罗大众介绍了各种各样的心灵药方或心理疗法。读者不禁会疑惑：这些药方到底是什么，有效吗？我们的内心就真的糟糕到需要不断地"治疗"吗？为了理清类似的疑惑，我们首先声明，本节要介绍的对话行动是有体系、有科学根据的一整套方法，可以应用于处理人生中的各种问题。不是药方或疗法，因为对话行动把重点放在预防，而不是问题出现后再亡羊补牢；不是什么法宝，因为对话行动要求行动者承担责任，自己努力去解决问题。我们诚邀读者来一场对话式的文字沟通，看看对话行动到底是怎样运行的。

两个核心思想：对话与行动

对话行动结合了对话和行动这两个核心思想，界定了人性意义的精髓，将对话与行动构成一个统一的框架用来有效地解决问题，使生活变得更有意义[①]。简言之，所有关于对话形式、内涵和过程的研究均可称为对话学（dialogics），根据位于心理学前沿的"对话自我理论"（dialogical self theory）：自我的本质是对话性和多元性的（参看 p2《漫游梦境：解读你自己的梦》）。对话性强调不单包含我

---

① Ho D Y F. 2012. Therapeutic applications of dialogues in dialogical action therapy//Hermans H J M and Gieser T（Eds.）. Handbook of Dialogical Self Theory. Cambridge，U. K.：Cambridge University Press，405-422. 也可参看：Ho D Y F，Long D，Liang X，et al. 2012. Dialogic action therapy：An integrative approach to effective living. Asia Pacific Journal of Counselling and Psychotherapy，3（2）：113-129.

与他人之间的对话，而且也包括双方的内在对话（内心独白）。多元性则强调内在对话有许多不同的形式，包括想象的各个自我（如现在的我和将来的我）之间的对话、自我和想象的他人之间的对话、自我与已去世的特殊人物之间的对话等。简言之，所有关于对话形式、内涵和过程的研究可称为对话学（dialogics）。在生活中，我们可以利用各种对话形式来指导及实现行动目标，界定人性意义的精髓，构成一个统一的框架来有效地解决问题，使生活变得更有意义。

我们强调行动是成功的必要性，内在思想需要通过行动才能达到效果。行动带有意向、自觉和自知的特性。行动者在行动之前已经形成意图，个人在行动中是醒觉的，知道自己在干什么。只有人类才有真正的行动，老鼠（或其他动物）只能有行为，不可能有行动（"老鼠的行动"听起来是怪怪的）。从辩证的角度看，对话行动要求思想与行动统一。个体能采取有效的行动，矫正错误，是显示效果的指标。对话行动强调身行重于言行，"讲得多，做得少"的疗法是不行的。自我反省思考之后，若始终没有行动，则犹如"只闻楼梯响，不见人下来。"

对话行动的理论具有综合性，可以吸纳多元化的技术和理论，但这并非是从不同理论、体系中选取不同成分的折中组合。吸纳技术和理论时必须服从统一性的原则：预防为先；中西合璧；理论与实践结合；思想与言行统一；以整体系统为构架，对个人、人际、家庭、团队、社区、社会与文化进行不同层面的分析和处理。

对话行动的本质

对话行动的本质可归纳如下：

第一，对话行动把对话与行动这两个核心构思融于一个统一的理论框架。对话行动从一个崭新的角度把解决问题的概括性方法应用于生活中；将重点放在学习如何采取措施来解决人生问题的过程，进而成为自己生命的主宰。从这个角度来看，对话行动是概括性解决问题的一项方法。

第二，对话行动基本观点是自我的本质是对话性的。对话的自我可以进行外在和内在的对话；外在对话与内在对话可以相互转化。我们在引导内在对话来促进外在对话的同时，也可加深外在对话来感受内在对话。缺乏内在对话，外在对话会显得肤浅贫乏；缺乏外在对话，内在对话则会变得故步自封。因此，内在对话与外在对话的平衡才是关键。从上述讨论中可知，通过结合内外对话，对话行动有潜力对个体进行自我改造，甚至自我创造。

第三，对话行动是具有普遍性的，有利于建构有效和有意义的人生。对话行动既可以作为一种疗法，也可以作为解决人生问题的方法，包括从经验中学习、采取矫正行动等。从这一点来说，它把焦点放在解决问题上。因此，对话行动可被视为提高生活质量的方法，或为帮助人们面对困惑的办法，而且随时可用。最成功的助人莫过于引人自助，正所谓"天助自助者"。同时，助人者也可以自助。这不都是自主能动性的实现吗？

对话行动与其他助人方法的区别主要体现在以下几个方面：

第一，强调通过行动去承担社会责任。目前许多助人疗法强调个人要负起对自己身心健康的责任，却较忽略承担社会责任。

第二，在自我重建时，对话行动特别重视人际关系的背景，强调他人的参与（如帮助与接受他人的帮助）；与西方的方法不同，它并不倚重个人主义，不把当事人视为独立的个体，而是关系中的参与者。

第三，对话行动确认人类特有的认知潜能，包括元认知与创造性的转化，这些区别正是对话行动带来的理论根本变革。

简言之，对话行动具有高度概括性，是对话式、强调行动、以解决问题为焦点的方法，它博采众长而自成系统。它不仅是一种疗法，更广义地蕴涵着待人处世、重建生命意义之道。

实施技巧与运作

上面我们介绍了对话行动的基本原则和特性。为了便于读者理解，我们将用大量例子来讲解如何在日常生活中开展对话行动，希望读者在阅读后能活学活用对话行动的思想与方法。这些例子与心理咨询中的部分技巧是相通的。

现在让我们正式进入对话行动。首先，我们邀请读者对自己提问以下关于思想与行动的问题。

1）我一生中想过，讲过或做过的最坏的事情。

2）别人对我做过的最坏的事情。

3）我对别人做过的最坏的事情。

4）我做过什么事情来帮助别人？请列出三件事情。

5）我做过什么事情来使自我感觉良好？请列出三件事情。

6）请对自己提出有关自身困惑的问题，并回答这些问答。

对话行动特别强调元认知的重要性，重点是个体不但要知道自身在想什么，而且要注意其他人在想什么和他人在想我们在想什么，同时我们要假设其他人亦会尝试这样做。需要探讨的对象包括自我、自我对他人的看法、自我与他人的内在对话、与不同自我之间的内在对话（参看 p188《元认知：增进你知己知彼的能力》）。

在下面（表 7-5、表 7-6）的表格中，我们引用各种范例，来显示如何通过对话去解决生活中的问题和困惑。我们将进入读者多元自我的心境中，有时会扮演一个旁观者，有时则是助人者的角色，与读者对话，提醒或引导读者可以做什么。

表 7-5　我与他人的内在对话

夫妻	有些事情你一直想告诉妻子，开始说吧……。如果觉得不好意思说，可以写封信。过后你再决定是否让她看
父母	对父母说："我真期望你们……。"
已故父母	母亲去世多年，你一直内疚。如果她还在世，会对你说些什么？……你对此会有什么反应呢？……你又会对她说些什么？
你的特殊他人	想一下你周围其他特殊的人，他们在做什么和想什么？他们会说你什么呢？你又会对他们说些什么？
你的冤家	你的冤家使你受了很大痛苦，但你是斗不赢他的。你想对他说些什么？……你会如何对付他？
梦中的自己和他人	在梦中你看见自己和他人，发生了什么呢？……你看到自己和他人谈话，有时甚至与自己谈话……，有时你又变成别人，与另外的一些人或自己谈话。这些对你有什么启示？你的恐惧是什么？愿望是什么？
提出新项目	

表 7-6　我与不同自我和不同自我之间的内在对话

真实自我	你真实的自我是怎样的，你就与他对话吧
理想自我	想象你是一个自认为理想的人。现在你闭上眼睛，看看你这个理想的自我，与他对话
被遗弃的自我	找出你自己的阴暗面，他真实是怎样的？为什么你会如此讨厌他？
好和坏的自我	让你的好我与坏我进行对话……。你的好我是善良的，对吧？他可以像兄弟一样对待被嫌弃的坏我吗？
过去的我	让时光倒流回到你的童年……。你在做什么，想什么呢？……你是个好孩子还是坏孩子？
未来的我	时光飞逝，快速前进到五年之后。你是一个怎样的人呢？
想象的自我	想象你现在是另外一个人，……。假如你要做一些你从没做过的事，会怎么样？（尝试想象变为异性、被歧视的少数民族、弱势群体、心理或生理有障碍者等，这样对加强理解他人敏感度和克服歧视很有帮助）
卡通化的自我	你有没有一只最喜欢的动物？猫、狗、兔子、狐狸？现在你进入了它的世界，你的表情、一举一动都像它一样，既可爱又顽皮。你可以体会它被宠爱、冷落、遗弃的感受吗？能否体会到它对人类的依赖、喜爱、忠诚、不离不弃？

续表

危机中的自我	你陷入一场危机，不知所措……。现在你挖掘自己内心深处的潜力，去面对危机
临终的我	你剩下的时间不多了，如何理智的渡过它？……。快速回顾过去，然后列出你今生尚须完成的事情
已死的我	假如你已经死了，看看你的葬礼。人们在做些什么？说了什么有关或针对你的话？心里面又是怎样评价你的？你最亲的人又怎样呢？
新生的自我	你相信来生，你会选择谁做你的父母？你会选择怎样的生活？
无我的自我	你不断地想着自己的痛苦，够了。现在你可以问一下自己："我可以做些什么事情，让别人少一点痛苦呢？"另外，你是否赞同使他人快乐便会给自己带来最大喜悦？
转化的自我	你被过去的所作所为而折磨，但你的行动没有改变。"放下屠刀，立地成佛。"这就是转化行动。所以你要洗心革面，改变行动，做一个转化了的人
空白的自我	"无心之心，抛空一切，关注万物。"我们不知道空白的自我是怎样的。不要再想他，闭上眼睛，只关注此时此刻，抛空脑海中的一切，直到你完全空白。抛掉所有的思想，感受一下空白的你，完全空白……都离去了……（这大概是最艰难的一项，需要极大的自律，方可达到的空白境界，大多数人都做不到。）
提出新项目	

看到这里，读者可能会问："以上都是关于自身的内在对白，是想象性的。但你貌似忘记了提及外在的对话，比如我与亲人、朋友和同事等其他人在日常生活中进行的对话。"我的回答是："如果你不能举一反三，那么列举再多的例子也是无用的。"

唤起行动的七个步骤：思想与行动的辩证关系

对话行动的方法论以科学为依据，结合了演绎、归纳甚至假设测试。对话行动强调思想与行动的统一，充分的发挥是从成熟的心智衍生出来的。从操作观点上看，我们可以将对话行动分为七个循环往复的步骤。

1）搜集信息，总结经验，吸取教训；

2）制订行动计划；

3）实施行动计划；

4）评估和反思所采取行动的效果（如有效性，是否有问题等）；

5）重新制订行动计划；

6）按新计划行动；

7）从新经验中再学习。

这些步骤只是思想行动辨证过程中的一段，生命存在一天，就有思想行动的循环。许多人认为是思想引起行动，其实并非一定如此。我们也可以选择行动—思想—行动作为一个基本的循环。在下表中（表 7-7），我们将再度进入读者多元自我的心境中，与读者对话，提醒或引导读者可以做什么。

表 7-7　行动的七个步骤

	任务	描述例子
1）搜集信息，总结经验，吸取教训	抓住你生活中能解决的主要矛盾或问题。标记所讨论的各种问题，甄别其轻重缓急，优先处理迫切急需解决的问题（例如，有危险或破坏性的）。务必明白问题的性质	我们已经讨论了一些问题，学到了什么呢？……有些我们在此无法处理，因为……例如……但是有些问题我们还是可以处理的，例如……哪一个是最迫切，急需解决的问题？
2）制订行动计划	制订行动目标并探讨如何实现。指出你以往的努力为何失败，让自己明白需要学习新的思想行动模式	现在我们对你的问题比较清楚了，我们需要处理它。你认为自己需要做什么呢？……以往的努力无济于事，因为……所以我们要采用新的途径……现在你清楚自己想做什么了
3）实施行动计划	强调行动的重要性，弄清楚如何实施计划。提醒自己计划起初可能无显著效果而需要修正。鼓励自己尝试，树立无畏失败的精神。必要时须克服在思想或情绪上的抗拒	陈述你的计划……也许你会遇到困难、挫折、甚至失败，你有心理准备接受吗？当然，以后你可以改变计划，但眼前最要紧的是去认真实施。只是嘴上功夫是解决不了问题的……下次来，请你谈谈实施计划的效果如何
4）评估和反思所采取的行动（后果、有效性；有否问题等）	分析实施中的成败，找出原因所在。表达你欣赏自己付出的努力和成绩，缓解失败可能带来的负面情绪。处理可能存在的抗拒、借口等。强化需要学习新思想行动的模式	我想听听你执行计划的情况……当你遇到问题，你感觉如何？你说不行，事实上是你没有按照制定的计划去做。所以，不是计划有问题，是你的决心不够坚定……
5）重新制订行动计划	在评估和反省的基础上，重新制订行动计划以获得更大成功	我们可以修改你的计划……现在你说说你修改之后的计划
6）按新计划行动	再次强调实施新计划的重要性	有了新计划，你有更好的成功机会，但还要看这个计划实际上是如何运作的，下次来请你报告一下实际情况
7）从新经验中再学习	评估新计划的有效性。总结取得的成就，以及需要继续做的事情。重复整个学习过程，直到问题解决为止。关键在于你是否掌握了概括性的方法，懂得去应用来解决实际问题	这次你学到了什么？……你取得了进步，但仍有些你需要面对的问题……通过练习，你会增长解决问题的能力。你可能不会每次都成功，但掌握了解决问题的方法，已经有很大的成就了

结　语

对话是理解自身和自我成长的重要途径。经过上述的内在对话过程，你觉得对你自己有所裨益吗？ 对话与行动不断在互动，有对话，无行动，何用之有？而只有行动，却没有对话，则犹如无头苍蝇，可能会四处碰壁，这也是为什么对话行动强调两者之间的统一。对话与行动相结合，则可实现"知行合一"，引领自身朝着新的方向享受人生新的旅程。

若我们能熟练对话行动达到炉火纯青的地步，亦即精通了生命的法则，我们就可以打破陈规，不断创新。

对话行动疗法：灌输希望和反抗绝望

白衣观音

愿你们以医者为荣，

以沁润于工作为乐。

破越性别界限，

善待自己，以爱对人，

情理合一，医道将至。

启扬你的精神耐力，

激发危急病人战胜死神之决心；

陪伴临终病者，与家人善别，

进入心灵幽谷，战胜恶魔，超度前身。

营造关怀的环境，推广全人健康，

成为开拓新领域的先驱者。

——何友晖

面对灾难、创伤、失败、重病或失去至亲等生活事件，人们做出的反应可能会差异很大。积极的态度有助于人坚强地面对这些事件，消极的态度则使人变得脆弱，难以走出阴影。因此，有人会深陷于绝望之中，而不是内心对生活和未来充满希望；有人会缺乏坚持并选择颓废，而不是积极反抗命运，获得身心成长。人们面对悲伤和不幸，理应保持希望，反抗绝望，但这并不是容易做到的。本节旨在阐述帮助人们强化希望、抗拒绝望的实施技巧。

希望与绝望

希望是求生意志和积极行动之母，它使人拥有面向未来的勇气，坚信坏事即将会过去，美好的事物将会得到记忆或恢复。希望与乐观不同。乐观仅是指倾向相信未来会比现在更好，在顺境中人们更容易乐观。希望则帮助人们，即使在逆境面前也能坚持下去。希望可有各种不同的来源：内从坚持与刚毅的性格；外从社会支持、宗教信仰和政治意识形态，也可从别人经历中获取。希望趋向于未来，但也立足于并影响着现在。

希望与心理防御机制（如合理化、否定）不同，因为真正的希望远离自欺欺人和扭曲现实，并且是建筑在对客观情况精确估计和接受现实的基础上的。希望的主敌是绝望，是极端的悲观主义。绝望的人会认为已失掉一切，并将永远深陷于困境或厄运中。它源自于宿命论，绝望的人有长期被抛弃的感觉及心理学家所说的经历过多次挫败的习得性无助感（learned helplessness）。

实施技巧

下面，我们将引用各种范例显示，如何通过对话行动去灌输希望和反抗绝望。我们将进入读者的心境中，邀请读者自我探讨。我们也会扮演一个助人者的角色，与读者对话，提醒或引导你可以做什么。

自我探讨

在面对不幸时，我们可以提出以下几个问题，使我们更好地理解自身的状况。

1）有人面对不幸，如重疾和死亡时，会变得绝望。但也有人能保持希望。我属于哪一种人？希望对于我个人来说有什么含义？而绝望呢？

2）回忆我生命中最困难的时候。当时是否有解决办法？之后是出现好转还是更加糟糕？最黑暗的时候是怎么样的？是倾向于深陷于过去，还是会去展望未来？

3）当时的我有什么资源或支持帮助到我呢？是否感到无助？

4）我是否觉得自己命不好，注定倒霉？对周围的人失望？觉得面对困难，怎样坚持和努力都是没用的？有想过自杀？

5）我有没有尝试自助以反抗绝望？尝试过通过帮助他人来改善自己的处境？

干预技巧

为了对抗绝望，我们先要客观地接受负面感觉和思想，而不是将其一概标记为非理性或迷信。比如说，自杀的念头也能理解为是因真实面对自身而产生的，这就是第一步。第二步则是针对负面感受和思想，读者进行尖锐质疑与重新考虑，特别是要领悟到绝望是思想僵化与绝对性思维的结果。

读者可以想象帮助者永远在身边，轻轻而肯定地邀请你坚持希望，反抗绝望，鼓励你采取行动。无论你说什么、做什么，帮助者都追随着你，像章鱼粘住猎物不让它逃跑一样。这可能引起读者的愤怒，但也给读者提供了另一次情感教育的机会。另外，读者可以借助别人的勇气与绝望对抗，重新点燃、维持和增加希望。

实施技巧范例

我们为读者提供了以下表格（表 7-8），用以说明如何具体实施干预技术。读者可以根据实际情况，灵活使用下列 13 个项目来帮助自己。在每一个项目中，我们都会与读者进行"对话"。

表 7-8　干预技术范例

项目	希望	绝望
项目 1： 有出路	相信面对目前困境是有出路的	相信面对目前困境是没有出路的
	当然，你很绝望。你认为是没有出路了……再想一想，是否真的就没有出路呢？……是有出路的，现在我们来探讨一下这出路是什么	
项目 2： 激发内在资源	认为有内部资源可用以对抗目前的困境	认为内部资源不足以对抗目前的困境
	你觉得你没有处理目前情况的力量。对不对？……什么让你如此肯定？……回顾你在过去克服困难的时候……你需要尽力克服困难	
项目 3： 接受外在支持	认为外来（例如家庭、朋友）的支持可以得到	认为外来（例如家庭、朋友）的支持难以获得
	对得不到支持的知觉可能是不正确的 你认为家人和朋友不会来这里帮助你……他们真的不想帮助你吗？……是什么让你感不到他们的支持呢？……请相信你的家人和朋友都会帮助你……我们都需要他们的帮助的 对得不到支持的知觉可能是正确的 你觉得家人和朋友不会来这里帮助你……是有原因的……现在，重要的是有/可能还有其他人会帮助你，比如……你准备好接受他们的帮助吗？	

续表

项目	希望	绝望
项目4： 对抗被遗弃的感觉	"上天（菩萨或其他神灵）不会抛弃我。"	觉得被上天、菩萨或其他神灵抛弃了
	你觉得自己被遗弃了，这是一个可怕的感觉……但是，更重要的是，你有没有放弃了你自己？你有想过吗，上天所放弃的都是那些已经放弃了自己的人……你没有再觉得被遗弃了，你有信心，很好。现在，你还会放弃自己吗？	
项目5： 对抗厄运的感觉	相信运气或一些较高层或超自然的力量，是对自己有利的，例如："天无绝人之路"	认为运气或一些较高层或超自然的力量，是对自己不利的，例如："我是一个不吉祥的人"
	那么，你觉得你注定是倒霉的？你认为无论如何事情都只会变得更糟……你觉得命运一直对你不利，对吗？……你看到事情的负面，而忽略正面。这会使任何人觉得命里注定是倒霉的……所以，看一看事情的正面吧……现在，你不再认为你是注定倒霉了，这是一个很好的改变，你需要保持这种感觉	
项目6： 超越现在	取向于未来（超越目前看问题）	仅固视目前（并不超越目前来看问题）
	你没有超越目前来看问题，视野好像固定了……没有人能肯定明天会带来什么，明天发生什么事，可能取决于你今天所做的。因此，你现在要做的是什么？……你现在超越目前看问题了，很好。你的将来会是怎么样的？	
项目7： 提升自我效能感觉	能克服困难	感到无助
	你感觉无助，这是可以理解的，由于发生了很多事……但你越感到无助，你可能会变得更加无助……想一想，你曾经成功地处理过一些困难的问题……现在你充满信心，这样你会得到更大的力量	
项目8： 反抗悲观	乐观：认为未来会更好；感到前途光明；得到激励	悲观：感觉未来会更糟；前途无望（例如不能期待会有一番事业、婚姻、生儿育女或正常寿命）；气馁
	你很悲观，你认为事情只会变得更糟……你一贯都是这么肯定自己是对的吗？……你变得乐观了，令人非常鼓舞	
项目9： 启发求生意志	有求生意志，继续生存	缺乏或无求生意志，有自杀的意念
	你陷在自我怜悯中……你应该问一问自己，"自杀是唯一的出路吗？"……如果你有胆量自杀，我想你也不会介意给自己多一些时间来回答这个问题，这要求不是太高吧……	
项目10： 不要放弃	拒绝放弃，继续努力	将快要或已放弃；徒劳的感觉在衍生
	你似乎已经放弃了，你认为继续努力是徒劳的……这可能是残忍的，但我要问，如果你真的放弃会发生什么事？真可以选择放弃吗？……	
项目11： 通过别人看到希望	看到别人（如儿童、学生、朋友、全人类）有希望，或通过别人而获得希望	对其他人，甚至全人类感到绝望
	对别人的观感可能是错误的 你对其他人绝望，你觉得他们辜负了你……他们真的辜负了你吗？有没有可能不全是他们的责任？……即使你不再关心自己，也要想想别人 对别人的观感可能是正确的 对人绝望是一种可怕的感觉。但你仍有选择：接受现实，或继续因为别人的过失而折磨自己。进一步说，尽管人们有过错，你仍然可以从他们那里找到希望……。[这里的意思是，要接受人性的弱点，人是会常常令人失望的。]……可能还是有人不会让你失望的，不要告诉我每个人都让你失望，并且将来也会这样……[这里的任务是处理以偏概全的倾向。]你可以在他们身上或通过他们找到希望	
项目12： 采取行动帮助自己	采取行动帮助自己；主动，投入，从事	不采取行动帮助自己；被动，脱离生活
	你有没有采取行动帮助自己。现在你知道你必须做什么吧……讲一讲你采取了什么行动帮助自己……你已经采取行动帮助自己了，请坚持下去吧	

续表

项目	希望	绝望
项目13： 采取行动帮助别人	采取行动帮助别人；主动，投入，从事	不采取行动帮助别人；被动，脱离生活
	要帮助自己其中一个最好的办法，就是为别人做一些事情。我建议你开始帮助别人，而不单是只为自己做事。如果做了，你将会得到回报，一点都不奇怪的……讲一讲你采取了什么行动帮助别人……帮助别人可以比帮助自己更有力量	

结　语

　　希望与绝望对立于生命中。简单来说，希望使人积极向上，绝望使人消极颓废。对话行动疗法认为，为了灌输希望与反抗绝望，可以先进行对话，这是重要的一步。通过对话（无论是与人交流还是内在对话），可以帮助自身反省和思考。第二步是采取有效行动去自助，甚至通过帮助他人而帮助自己。然而，倘若经过很大的努力，人们仍然陷于绝望的境界，那就需要寻求专业帮助了。

　　其实，人生就像是海滩，有涨潮的时候，也会有退潮的时候。变是唯一的不变，而变是可好可坏的。无论如何，变化是生活之所以如此绚丽多姿的渊源。有些人能以坚强的心态去面对挑战，面对困难，面对不幸；就是处在黑暗中，他们仍会听到黎明的呼唤。即使最终事情还是不如愿，他们亦会惊奇地发现，原来自己是多么坚强，已经走了很远，收获了很多。

希望和绝望的项目

　　在下面的内容中，我们提供关于希望和绝望的项目。这些项目是从表7-8浓缩而来的，目的是能方便读者快速地对自己提问和反思。

希望

1）我的明天会比现在好。

2）我会找到一条脱离目前困境的出路。

3）我会用行动来帮助自己。

4）我有内在的力量去面对我目前的困境。

5）我有外来的支持帮助我。

6）我超越现在，展望未来。

绝望

1）我觉得很无助。

2）我没有再活下去的意志了。

3）我觉得继续挣扎是徒劳的。

4）我对别人感到绝望。

5）我觉得被老天爷遗弃了。

6）我的命运注定是不好的。

创造力：21 世纪的财富

你觉得自己有创造力吗？在知识经济的二十一世纪，创造力已成为财富的一个代名词。作为亚洲人，你是否觉得自己比欧美人缺乏创造力？过往的教育经验是否让你觉得创造力受到了压抑而非启发？现在人们所热衷的创造力培训，是否让你觉得治标而不治本？

在本文中，我们将探讨如何让孩子们更富有创造力。愿你与我们一起发散思维，共同寻找创造力教育的真谛①。

知识经济

在二十一世纪，经济发展取决于人力资源，而知识是人力资源最重要的组成部分，并起着举足轻重的作用。不吝在人力资源上投资的国家会持续繁荣，而忽视这一资源的国家则会面临经济危机。教师在知识的发展和知识经济中起决定性的作用，也被赋予推进创造力发展的重任。为了发展经济，变革儒家传统教育的呼声日益高涨。知识经济所需要的不单是知识的获取，也是新知识应运而生和被创造性地应用。然而，获得创造力的道路充满艰辛和矛盾。

现在我们从两个方面讨论这些艰辛和矛盾。首先，我们需要注意存在于知识经济中的矛盾：市场经济带来金钱至上的心态和你死我活的竞争；知识经济需要

---

① Ho D Y F，Xie W Z，Peng S Q，et al. 2013. Social Darwinism，status ranking，and creativity in Confucian-heritage education：Dialectics between education and knowledge economies. KEDI Journal of Educational Policy，10（1）：125-145.

的是创造力和独创性，它会激发人的贪欲，从而威胁我们的社会、人与人之间的关系及国家的教育体系。这样一来，创新就可能受到利益至上的驱使。其次，人们对创新的正反态度并存：科学创新和用于解决实际问题的技术创新普遍受到欢迎；而在艺术、文学、哲学等领域，创新的实用价值则备受质疑，甚至认为其自由思想内涵容易引起"麻烦"。

儒家在意识形态上的保守，导致专制与创新之间的抵触，基本矛盾存在于创新的尝试和社会控制中。保守意识形态可能会让创造力的内涵局限在知识技术创新方面，目的是服务于知识经济；而对有悖于社会规范的创新则排斥在外。问题在于，严密的控制不利于培养具有创造力的企业家，更不用说具有创造力的学者了，所以孕育创造力的前提条件是放松控制。

创造力培养不是指示学生如何去创新

东亚文化大多以儒家思想为核心。而我们在前面谈到，儒家思想在意识形态上的保守容易阻碍创造力的发展。于是，我们自然会提出一个问题：东亚人是否缺乏创造力？创造力的培养是否要从保守和固化的思想中解放出来？近些年来，对传统教育改革的呼声日益高涨，市面上更是出现了很多标榜着提升创造力的培训机构和课程，希望能够弥补正规教育中对创造力培养的不足。然而，无论是对传统教育的改革，还是课外对学生创造力的培训，我们都应该持有审视的态度，他们的做法能够真正提升创造力吗？

人们急于提升创造力，但是利益的驱使将会使人们趋向于急功近利。目前，许多关于创造力培育的内容，与其说是培养学生的创造力，倒不如说是"指示"学生如何去创造。一些老师妄想直接指导学生如何获得创造力，教他们需要通过掌握什么知识、必须从事什么练习可以"智取"创造力。例如，在一次所谓中学生创新实验论坛上，一位老师对学生说，"创造力发明的一个比较快捷有效的做法是在别人研究的基础上，加入一些未被考察的因素。"诚然，这是一种创新模式，但是，为什么创新需要"快捷有效""在别人研究的基础上"？很多创造发明恰恰是在质疑别人的研究、在不断积累的过程中孕育而生的。没有漫长的知识积累过程，人们在认知上很难突破。

目前，在教育的各个阶段都有大大小小的创新发明竞赛。这固然是鼓励大家提升创造力和竞争力的一种良好途径。可是，如果教育者在组织这些活动时，急于指示学生应该做什么，而非培育、引导学生激发自我思考能力，那便与活动举办的初衷大相径庭了。

培养创造力的前提

真正的创造力培养需要元认知能力的提升。元认知是高级的认知层面，是对思维本身的思维。在很大的程度上，创造力的迸发取决于元认知的水平。通常，我们对事物之间的联系仅仅停留在较低层的认知水平上。但当我们对这些联系进行再思考、再认知的时候，就是创新思维的开始。每一次再思考、再认知都是元认知水平的提升，当我们不再受思维上的束缚而获得认知的飞跃时，我们便能够有所创造了。

例如，对于我们日常司空见惯的尼龙搭扣，鲜有人知道它被发明的奇妙过程。1948 年，瑞士工程师乔治·德梅斯特拉尔（Georges de Mestral）在遛狗的时候发现，狗身上粘了许多植物芒刺（第一层认知），并且很难去除。他进一步通过显微镜观察发现，这些芒刺和狗的卷毛钩在一起，这种结构非常稳固（第二层认知）。于是，他通过仿造和试验，发明了"维可牢"尼龙搭扣，并投入到纺织品、衣饰等应用中（第三层次认知）。他富有远见地把两件看似不相干的事物联系在一起，并且整个过程没有一丝刻意。乔治从发现联系，再到挖掘联系的本质，最后迁移联系的领域，每一步都是顺理成章地向前走一点。然而，这种认知上的每一点跨越，便足以带来令人惊叹的创造力成果。关键是既有的成规没有将他束缚，旧知识、旧认知帮助而不是妨碍了他的思维过程。

对话行动教学原则

对创造力的培育需要系统的教学。其中，以"对话"和"行动"为指导的对话行动教学原则是有效的途径（参看 p193《对话行动：实践于生活中之应变及解决问题》）。

"对话"思想强调：学生和教师之间的沟通包含双方的内在对话（内心独白）。内在对话有不同的形式，如自我与想象的重要他人（如榜样）之间的对话等。教师与学生的外在对话可以引导学生的内在对话，这就是元认知能力培养的开始。例如，学生在解决问题的时候，不一定要第一时间诉求于他人，而是可以先尝试模仿老师和自己的对话，考察自己内心多个声音的意见，最终找到较优的方案。这样，学生在解决问题和自主决策上的能力就会逐步提升。

"行动"思想则强调：内在思想需要通过行动才能达到效果。行动带有意向、自觉、自知的特性。从辩证的角度看，对话行动教学要求思想与行动统一。学生采取有效的行动，并在实践中不断完善，进而促进思维的创造力得到锻炼和发展。例如，学生想到了解决方案，那还不够，还需要在现实中去尝试应用所想的方案解决问题。正如上面举出的例子中，考虑"在别人研究的基础上，加入一些未被考察的因素"是否可行时，学生需要通过实践去验证，反思加入什么因素才能达到最佳的效果，而不是胡乱地加入新因素。

我们以往的教育要么过于强调学生的思维和知识储备，而忽视了行动的重要性；要么过分重视动手能力，而弱化了思维和知识储备的需要。对话行动教学法正是对这些做法的矫正。我们强调既要让学生和知识之间的思维"对话"，也要求学生有所行动，检验思维的合理性。这种重视元认知和行为过程相结合的教学原则，是培养创造力的可持续途径。

鼓励孩子思考

爱因斯坦曾表示，提问比知识更重要。通过提问，我们可以激发学生的好奇心，引发他们的进一步思考，这就是启发学生将外在对话转化为内在对话的重要方式。

怎样让学生更有创造力呢？何不当他们还小的时候，就多问他们一些有趣的问题，并通过早期的外在对话，激发他们的内在对话和行为实践？以下是激发元认知的一些刁钻而有趣的问题。

激发好奇心

生命是如何开始的？

动物会思考吗？

如果月亮不见了，会有什么后果？

引发复杂/焦虑情绪

谁是你姐姐的妈妈的女儿的妹妹（关系认知）？

试想把一个人身体的某一部分逐一除去，在什么时候这人将不再是一个人了？

引发混淆（解构后重构）

两次站在"同一条"河流里，是可能的吗？

你如何知道大脑掌管思维？

我说"我是个骗子"这句话时，我在说谎吗？

创意拓展

告诉我们一个故事……

你要做一些你人生中从未做过的事情，那是什么？

元认知意识

你认为老师觉得你在想什么（一个对元认知的认知的例子）？

解决问题

你如果身在南极，手里有一些干木头，但是没有打火机和火柴，如何生火？

苏格拉底的反诘法（利用反例）

你说植物不能攻击或"吃掉"动物，但有些植物是会的（猪笼草）。那么什么是植物呢？

人们说上帝创造了世界，那么谁创造了上帝（一个七岁孩子回答"某种化学反应。"）？

……

结　语

综上所示，通过对话行动的教学原则，我们还是要把创造的主动性归还于孩子，鼓励孩子们多问问题、多思考，不厌其烦地、兴致勃勃地陪伴他们一同去寻找问题、解答问题，培养孩子的发散思维，让他们真正懂得如何去创造。只有这样，我们才能够在知识经济快速发展的二十一世纪立于不败之地。

读者们，当你带领孩子踏上富有创造力的生命旅程时，你本人也会备受启发，认知上不受年龄约束的童真和好奇，是发掘创造力真正的源泉。

心理治疗：心理困扰者之新希望

"凡大医治病，必当安神定志，无欲无求，先发大慈恻隐之心，誓愿普救含灵之苦。若有疾厄来求救者，不得问其贵贱贫富，长幼妍媸，怨亲善友，华夷愚智，普同一等，皆如至亲之想。亦不得瞻前顾后，自虑吉凶，护惜身命。见彼苦恼，若己有之，深心凄怆。勿避险巇、昼夜寒暑、饥渴疲劳，一心 赴救，无作功夫形迹之心。如此可为苍生大医，反此则是含灵巨贼。"

——唐朝孙思邈《大医精诚》

凡是有人的地方，就有心理障碍（mental disorder）。心理治疗（psychotherapy）为无数陷于苦闷的人提供一个新的希望。在西方国家中，心理治疗已有深远的发展和影响，但是在中国，心理治疗仍不被大众所熟悉。笔者认为有必要介绍给读者认识心理治疗的本质、基本原理、技巧与治疗程序，消除读者对心理治疗的偏见与误解。

心理障碍是对心理或精神问题的常用统称。心理障碍可以分为很多类别，这些类别在严重程度上有所差异。在本文中，我们把心理治疗的对象限于较轻微的障碍，即心理失调或心理困扰，如最常见的适应障碍（adjustment disorders）和焦虑障碍（anxiety disorders），读者可参看《澄清误解：我是否有心理问题？》一节。

心理治疗的出现，针对的是心理困扰者长期被忽略的需要。在历史上，心理治疗源自于医学中的精神病科（psychiatry）。第二次世界大战以后，其他专业，如临床心理（clinical psychology）及精神病社会工作（psychiatric social work）也开始介入心理治疗工作中。在欧美国家和地区，心理治疗的应用已十分普遍。

心理治疗并没有一套独特的理论、标准的治疗方式和技术为所有心理治疗师们所接受，亦没有统一的标准可以指明心理治疗的效能。人类太复杂了，哪有这么容易！还有一个普遍的错误观念，那便是许多人将心理治疗和心理分析（psychoanalysis）混淆在一起。这是由于心理分析在大众文化中已经被人熟知，但却没有被了解透彻。实际上，心理分析只是心理治疗方式的一种。大多数心理治疗师并不是心理分析家，他们采用的理论及实践都与精神分析有所不同。

由于心理治疗理论众多，来访者很可能会对心理治疗带有许多错误观念。比如，带着一种莫名的恐惧，以为心理治疗拥有些神秘力量，能一眼就看出你在想什么；另有带着怀疑态度的来访者，暗中质疑治疗师是否徒具虚名，以为他们根本没办法帮助自己，因而会在治疗过程中试探他，表达不信任。所以，帮助人们更好地了解心理治疗或心理咨询是有必要的。

心理治疗师做些什么

心理治疗的本质是人格的再教育，这是重大的责任。不同的治疗师会采用不同的治疗方式；并且同一个治疗师也会依来访者的个别情况而调整他的治疗手段。然而，在大部分的实例中，治疗师会这样告诉来访者：

> 心理治疗需要你和我之间的共同努力。你须对自己的行为负责：主要还是你自己帮助自己；我的职责是在协助你，推动你本身去解决问题。在治疗过程中，你所谈论的内容，我会绝对保密，除非涉及伤害自身或他人和违法行为。你在这里可以完全自由地表达自己的思想和感情。在言辞表达方面没有限制，我们可以讨论任何有关的问题。心理治疗过程并不简单，要花费许多时间，且须具有坚定的努力，而在过程中可能遭到挫败及痛苦。这些都请你注意。

如此，治疗师并没有给予简易的解决方法，而要求双方勤勉工作。那些在广告中保证一定会成功的治疗师，绝对不是专业人士。专业的心理治疗师不会承诺在一定时间内解决问题。他会坚持让来访者对其行为负责，不会让来访者对他过分依赖，反而会鼓励来访者培养独立处理事务的能力。他不给命令式的指导，因为他坚信人是可导而不可训的；他不恳求，也不训说；不用劝诫，也不用惩罚。经验告诉我们，这些都是无效的。他认为来访者应该自己去解决问题，而在这个过程中，他会一直在旁陪伴，并提供力所能及的专业帮助。

那么心理治疗师究竟做些什么呢？他们提供了一个安全的环境，在其中，来访者可以客观地检讨他的生活、表露自己，以及体验到内在的情绪。

了解与信任

心理治疗师鼓励来访者认清长期被压抑的感情，包括爱与恨。来访者经常会想到，既然一个人应该正当，那么他就不应该拥有能包容"不正当"的心理；因此也就再没有不正当的思想感情存在。但是，正当与不正当二者皆存在于人类生活中。治疗师培养来访者对他的信任。缺乏信任，心理治疗将变为无效。他要求自己以身作则，对来访者绝对诚实，并期望来访者也尽可能对他诚实。治疗师会向来访者表示，他会无条件接受来访者的言语表达，但不一定完全接受其行为。一言以蔽之，是竭力以真实、真诚、真情与真挚这四个真，去了解和对待来访者，与他建立互信。

解说与开导

治疗师一再指出来访者言行不一、自我欺骗，以及不适应的生活方式，如何在治疗时间内外都避免应对问题。他引导来访者区别思想和行为——"罪恶"的思想，并不能代表"罪恶"的行为。来访者也许因为有了不能被自己所接受的思想而感到内疚。他想："我一定是个坏人，因为我竟有这么可怕的思想。"治疗师告诉来访者，思想是自己的，没有一个人能夺走其思考的权利。完全消除思想上的拘束，即为心理治疗的表征。之后，治疗师解说来访者的思想和行为，即表露隐藏的含义，并明示出来。他和来访者一起探究困难的根源及尚未解决的矛盾，并坚持要他面对现实。来访者学会处理矛盾，即为成长的过程。

当来访者表现出他压抑于心中的愤怒、失望、不合理，甚至是幼稚行为时，治疗师仍会维持他的专业态度。当来访者控告治疗师没有能力帮助他时，他既无防御反应，也不会质疑来访者的企图。他当然有一个限度，来访者可用言语表达他对治疗师的不满，但不允许对治疗师施以身体上的攻击。

影响与改造

在整个生命中，来访者与他人的关系都可能是变化无常的，他没有可以倾诉、可以依赖、可以信任的人。这就是为什么来访者能在与治疗师的交往中，体会到有规则、贯彻始终且又可靠的相互关系，对他是那么重要。

"真实"对于来访者来说是稀有的。治疗师的重要任务是在来访者生活中，挖掘其不同的"现实"，探究他如何被扯裂于混乱中。例如，来访者与父母对生活存有非常不同的观点，而父母将他们的期望加诸于来访者身上；在彼此的期望中也有矛盾。所以治疗师须弄清来访者心理困扰来自何处。来访者则比照治疗师的观点，来检查及考证自己的判断。但治疗师不会重复其父母的错误，期望来访者与其价值观相符。在最高水准的心理治疗关系中，治疗师就像一个认同的模范（model of identification）：来访者把治疗师部分的观点及特质据为己有——即将治疗师的人格变为他自己的一部分。

如果治疗师能如上所述，创造出有利于治疗的气氛，来访者就会更容易接受和吸收新的经验。在安全的气氛里，来访者的领悟能力会得到提升，对生活的体验要比过去充实，而且能更加真实地看清其处境，接受自己。他会学到处事技巧，如何认识和面对冲突。从心理困扰中解脱出来后，他就能发挥创造才能，实现他的潜力。明白了这些，我们就知道心理治疗不仅用于心理困扰，也可以提供给致力于成长的人，使其改造自我。

心理治疗的局限

治疗师本身的局限

最明显的局限是治疗师不使用什么工具，他本身即为工具。这是强弱兼备的：弱是因治疗师是人，难免犯错——但不会企图对来访者隐藏错误；强是因为既然来访者的困难可能源自与他人互动的错误，治疗师也须克服他本人与人相处的困难。因此治疗师本身的人格是心理治疗成败的一个因素。但决定性的因素不在于个人的内质，而在于治疗师与来访者之间的匹配。

哪种人能成为有技巧的治疗师呢？就像心理治疗有许多不同的方式一样，各个治疗师在脾气及个性方面会有很大的区别，但以下特性是治疗师所不可缺少的：第一，治疗师必须是一位好的倾听者，他如果没有耐性及帮助别人的热忱，也就不会聆听别人的心声；第二，他必须具有容忍和仁心，并能设身处地，推己及人，缺少这些，不论经过多少训练，他也不能成为卓越的治疗师；第三，他必须具有崇高的道德水准，因为在心理治疗如此密切的关系中，剥削来访者的机会相当多；第四，他本人的心理应是相对健康的，这并非指他没有任何心理问题，而是至少能认清这些问题，避免妨碍治疗的过程。典型的治疗师往往不是一个迎合的人，而会被社会认为是有"奇特"见解的人。

心理治疗本身的局限

还有一些局限固存于心理治疗本身的性质中。第一，心理治疗不能保证绝对成功。事实上，现在还没有科学论据断言心理治疗一定是有效的；衡量心理治疗成功的程度，亦有一定的困难。第二，心理治疗有时也不能用于许多心理病态的情况，特别是属于长期性的；此外某些人也不是理想的治疗对象。当然，心理治疗也不能应用到那些拒绝承认自己有困扰或无法推动的人。第三，心理治疗要花很多时间，当我们考虑到人格的持久性时（所谓江山易改，本性难易），就明白这并非心理治疗本身的过失；而且年龄越大者，对改变的反抗性也越强。第四，从社会经济发展角度来看，还有很长的一段时间，没有足够合格的治疗师为大众提供服务，大部分需要心理治疗的人仍然无法得到治疗。

结　语

现在让我们进入读者的世界里，听听他们的心声。他们很可能有这样的独白：

> 我鼓起很大的勇气来找你帮忙。因为读了《澄清误解：我是否有心理问题？》，知道原来自己有心理问题而不去处理是一个问题。我本来以为我来这里，将这些问题倾诉给你知道，然后你就会告诉我怎样做。结果发现原来并非如此！你说我学会对自己负责，学会独立处理我的问题。而你不过是从旁陪伴着我、了解我、开导我、协助我和推动我而已。你还告诉我，心理治疗过程并不简单，而且可能在过程中有挫败和痛苦，同时还不能保证一定会成功。这恰恰印证了"没有免费的午餐"这句话，付出很多后，才可能会获得回报。我本来有很大的希望，但在阅读这篇文章后，有点失落。
>
> 不过，至少通过这篇文章，我知道治疗师的工作是多么不容易，更明白了心理治疗存在这么多的局限性。在本文中，作者们试图做到真实、真诚、真情和真挚这四个真。你们没有隐瞒什么，我是可以信任你们的。这份信任就是良好开端！

要成为一位治疗师，必须承受在训练中所需负担的大量时间和金钱。当他们取得资格之后，索取的报酬就非一般人所能支付。自古我们就有"预防胜于治疗"这句名言，运用到心理困扰上与医学疾病同样确切。

要具有中国特色的心理学："为人民服务"

> "西方社会提倡个人自我实现。讽刺的是，除非积极参与社会改革，改变丑恶的社会现实，否则，个人自我实现就沦为逃避。"

> ——何友晖

在改革开放的今天，社会的急剧变化和人类心灵的脆弱让心理学重新受到重视。然而，作为"舶来品"，心理学在中国的应用却面临种种阻力与困难。心理学家应当思考，在中华文化的背景下，引入的西方心理学如何才能"为人民服务"？

西学东渐，其路漫漫

东西方传统文化具有截然不同的价值观。其中，西方以个人主义的思想为主导，强调个人自身的价值及自己要为自己负责的观念，而东方则以集体主义的思想为主导，强调实现个人所置身的集体的价值，并且将个人行为的责任也联系在集体之中。现代心理学诞生在西方，从一开始便烙印上明显的个人主义：强调个体自我的协调，重视个人的自我实现和承担个人责任。

在这种背景下，临床心理学的教学和实践在 1971 年首次在香港进入华人社会[①]，而大陆的一些医院的精神科直到 1980 年才引进西方的临床心理学治疗和干

---

① Ho D Y F. 1985. Cultural values and professional issues in clinical psychology：Implications from the Hong Kong experience. American Psychologist，40：1212-1218. （本文由叶仁敏摘译：戴维，叶仁敏. 1987. 临床心理学的文化教养观念与专业性的问题——由香港的经历来看. 心理科学，1：54-55.）

预手段。一开始，这种引入是充满崎岖和坎坷的，人们抗拒心理治疗，甚至有"读心理学的都是心理有问题"的偏见，这些不解和误区是由很多因素造成的。

首先，临床心理学在当时是一门全新的学问，任何社会都需要经历一段时间来接受新鲜的事物。

另外，临床心理学的核心价值观与中国文化思想存在深层矛盾。有两种矛盾最为突出。第一，西方对心理问题采用在医学以外的专业干预由来已久。但是，在中国，这种干预并没有理论或实践的根基。第二，更重要的是，中国传统的道德权威主义取向和临床心理学的心理治疗取向存在根本的冲突。前者把人的诸多问题置于道德的高度，强调正确的思想与行为，辅导者和被辅导者之间存有权力等级关系，因而辅导往往变成训导；后者对来访者持着非批判性的态度，重视解决问题，并且强调尊重来访者的自主性。

这种价值观念的不同，造成了人们对待心理咨询的不同态度。在西方，咨询师和来访者是主客关系（专业者和来访者之间的关系）。然而在中国却产生了两种极端：一种是来访者怀疑和不信任心理咨询师；另一种则是来访者把心理咨询师当做权威，唯唯诺诺，唯命是从——同时也可能阳奉阴违。这些都会阻碍心理治疗的进展，因而，要想让心理学在中国文化背景下扎根生长，服务人民，必须要将心理学的一些运作形式和方法实现本土化，适应国情。

中西合璧，相得益彰

我们强调整合东西方文化的精髓，以达到西学中用的最优化。近些年来，西方也有越来越多的人意识到个人主义隐藏着对社会不负责任、不顾他人感受及自私自利等弊端。因此，个人主义盛行将给个人和社会带来负面的影响，例如自我膨胀及社会关系冷漠，古怪的行为被当做"有个性"；更有甚者，反社会行为受到纵容。当然，极端的集体主义下个人的价值可能被淹没，甚至成为所谓的集体价值的牺牲品。中国传统的集体主义思想很容易贬抑个性，扼杀个体的创造力。可以说，个人主义和集体主义都有各自的弊端。

取长补短的做法应该成为心理学本土化的重要策略。无论是个人主义还是集体主义，基本的品德都受到某种程度的肯定：无私、自律、个体的自由和集体的凝聚。中国文化背景下的心理学家，理应统合心理学的个人主义和中国的集体主义，在思想上引导来访者既树立自我又防止自我膨胀，既关注集体又不轻易妥协。这种做法的好处在于既能维护个体的自我实现，同时也强调个体在集体成就中的贡献。

本土国情，巧用西学

符合本土实际情况的心理学教学与实践的指导思想，将有利于这个学科发挥其应有的作用。但是，这离真正"为人民服务"还有一定的距离。应用心理学需要有效地解决中国的实际问题，这样才能体现出该学科的生命与价值。

重视关系的处理

与集体主义思想相对应的，是中国人长期以来为人处世的关系取向。集体主义下的个人是置身于关系网络中的个体。在这个关系网络中，个人的角色、身份和地位不断发生变化。例如，中国人素来强调家庭观念，家庭就可以看作一个小集体。在这个集体当中，一个人的角色可以是儿子，同时又是父亲、丈夫、爷爷。拓而广之，同样的一个人在社会当中还扮演着领导者与被领导者的角色。在此，我们并不是说，在西方这些关系与角色定位是不重要的，我们只是强调，在中国人们更加注重关系，讲人情，顾面子。个人的心理健康状态常常取决于关系的和谐与否。

还是以家庭关系为例，在中国，婚姻关系并非只是两个人的事情，它更牵涉到婆媳和妯娌等复杂的关系。一对夫妇，可能举案齐眉，琴瑟和谐。但是，紧张的婆媳关系和妯娌关系仍然对妻子或丈夫造成很大的压力。传统的心理咨询关注个人心理的调整，而较为忽略个人在关系网络当中所处的角色和挑战，这显然有失偏颇。

现在越来越多人注意到家庭咨询的重要作用，它代表了一大类以关系为取向的心理疗法，来应对人们因为不同关系角色而产生的心理问题。例如家庭亲子关系、夫妻关系、婆媳和妯娌关系、同事之间的关系、上下级之间的关系等。咨询心理学家要服务于中国社会，就理应改良传统的"个人取向"，并同时关注到中国社会特殊的"关系取向"（参看 p57《关系网中的"我"：中国社会心理学》）。

研究社会剧变的心理效应

近四十多年来，中国社会变化之迅猛，举世无可比拟。在这期间，中国经济高速增长，人口持续增加，竞争愈加激烈，贫富日渐分化，自然环境也不断恶化。这种剧烈的变迁让人们在人际关系、道德诚信及生活质量上面临种种困境。

传统的家庭伦理需要接受重新的审视，计划生育所带来的家庭关系已衍生出一些问题。综言之，现存心理学研究的证据不足以论定独生子女和非独生子女的分别（参看 p170《传承与变迁：社教模式何去何从？》）。独生子女在体重、身高、学业和智力发展较占优势，但在社交行为上有较多不良的表现（如自私、不爱劳动等）。2015 年中国全面放开二胎政策，在可见的未来，亦不会产生人口结构上的基本改变。理由是，跟其他国家的经验一样，当中国人富裕了，年轻的一代（特别居住在城市者）大都不愿多生孩子。我们要面对的是史无前例的宗亲结构的剧变，及其将会造成的翻天覆地的影响。然而，人们有没有心理准备，去面对这剧变带来的冲击？有鉴于此，我们主张要积极从事人口心理学的研究和应用。

人们因为社会关系的"金本位"取向和贫富的分化，心中早已淤积着种种不平衡的心结。人在社会层面的不平衡又逐渐演化为人与自然的不平衡，为了谋求一时私利而不惜破坏生态的做法至今仍然存在。所以，我们也主张要积极发展环境心理学。可以说，现代有些中国人心中压抑着种种不安和躁动，时刻都有可能突破和爆发，或危害个人身心健康，或危害整个社会的稳定与发展。

心理学家应该意识到当代国人在国家发展过程中所面临的困境。特别是马克思所描述的异化现象（alienation）：人们在滚滚向前的现代化巨轮中变成为机器和齿轮，失去了存在的根本价值和意义，而感受到深沉的苦闷及可怕的空洞（参看 p9《澄清误解：我是否有心理问题？》及 p15《心灵空虚：现代人需要直面的问题》）。

总之，中国心理学界需要愈加关注人口、环境和社会变化对人们心理所造成的影响和冲击。这种研究既要从心理健康的角度出发，又要避免"泛心理主义"（参看 p36《政治心理学：心理学与政治行为有何相关？》）。许多问题的根源并不在于心理因素，但心理学应该帮助人们疏导由外在因素引起的心理困境，进而激发人们积极推动改革，促进社会的健康与稳定。

结　语

前面谈到，中国社会迅猛的变迁给人们的心理健康带来了一些挑战。现实中，我们不乏一些措施与手段来应对这些挑战，例如在校园设有心理咨询中心、企业单位的员工帮助计划等。然而，从整个社会更大的尺度上来说，中国的心理健康服务还缺乏体系和规范，专业水平参差不齐，地区之间存在极大的失衡，而人们对专业心理学的态度，也没有根本的转变。在这样的环境下，心理学要"为人民服务"，还有很漫长的道路要走。具体来说，在制度上需要将专业心理学引向整体的发展，明确地纳入人民医疗保障体系中，并且建立配套的机构与设施，并平衡地区之间的差异。

积极的心理素质和良好的适应能力是心理健康的根本。只有身心健康，才有幸福和尊严。心理学要做到"为人民服务"，就需要探讨如何"让人民生活得更加幸福、更有尊严"。我们要建立的是具有中国特色的应用心理学，盲目跟从西方，是缺乏未来的。